Gabriele Kuby

Missbrauch

Seite 24/25

Gabriele Kuby

MISSBRAUCH

„Euer Herz lasse sich nicht verwirren!“

Mit einem Vorwort von
Gerhard Ludwig Kardinal Müller

fe

1. Auflage 2018
Fe-Medienverlags GmbH
Hauptstraße 22, D-88353 Kißlegg
www.fe-medien.de

ISBN 978-3-86357-219-8

Umschlaggestaltung: Manuel Kimmerle
Titelgrafik: 13UG13th / istockphoto.com
Druck: orth-druck, Białystok (Polen)

Printed in EU

Vorwort

Gerhard Ludwig Kardinal Müller

Die Kirche ist nicht ein von Menschen gemachtes Instrument der Selbsterlösung, sondern in Jesus Christus das Sakrament des Heils der Welt. Das heißt, sie ist „Zeichen und Werkzeug für die innigste Vereinigung mit Gott wie für die Einheit der ganzen Menschheit." (II. Vatikanum, *Lumen gentium* 1).

Christus, das Licht der Völker, kann auf dem Antlitz der Kirche aber nur widerscheinen und die Menschen erleuchten, wenn die Verkündigung der Kirche nicht durch die Sünde ihrer Diener verdunkelt wird.

Der göttliche Glaube, der uns rechtfertigt und auf das ewige Leben hin ordnet, hat nur Gott als Urheber. Aber seine Vermittlung ist unlösbar mit der menschlichen Glaubwürdigkeit seiner Boten verbunden. Darum werden die Diener des Heiligtums, die in der Autorität der Apostel das Volk Gottes mit dem Evangelium lehren, mit den Sakramenten heiligen und es in Namen Jesu wie gute Hirten leiten, zu Mietlingen, denen nichts an ihrer Herde und den einzelnen Schafen liegt (Joh 10,12), wenn sie durch ihr Fehlverhalten das Vertrauen der Gläubigen erschüttern.

Das geistliche Amt ist eine große und verantwortungsvolle Aufgabe. Darum „muss der Bischof untadelig sein und von würdiger Haltung, um für die Kirche Gottes zu sorgen“ (1 Tim 3,2.5). Er „muss auch bei den Außenstehenden einen guten Ruf haben, damit er nicht in üble Nachrede kommt und in die Falle des Teufels gerät“ (1 Tim 3,7).

Gewiss muss auch der katholische Priester wie jeder Christ im Pilgerstand täglich um die Vergebung seiner Schuld bitten und seinen Mitchristen ihre Schuld gegen ihn vergeben, wie der Herr seine Jünger und uns im Vaterunser lehrte. Aber mit Gottes Gnade ist es jedem Christen möglich, wenn wir nur darum bitten, die Sünden zu meiden, die vom Reich Gottes ausschließen. Denn „weder Unzüchtige noch Götzendiener, weder Ehebrecher noch Lustknaben, noch Knabenschänder, noch Diebe, noch Habgierige, keine Trinker, keine Lästerer, keine Räuber werden das Reich Gottes erben“ (1 Kor 6,9f.).

Auch schwere Sünden können vergeben werden, wenn der Täter Gott voller Reue um Vergebung bittet und sich dem Bußgericht der Kirche unterstellt. Die Versöhnung mit Gott und der Kirche entlässt ihn aber nicht aus der Verantwortung für den schweren Schaden, den er an seinen Opfern angerichtet hat und für die Verdunkelung der Sendung der heiligen Kirche. Die Sünden der Priester wiegen doppelt schwer, weil sie mit ihrer geistlichen Vollmacht, die ihnen nur zum Aufbau, aber nicht zum Niederreißen der Kirche gegeben worden ist, auch zu „Vorbildern für die Herde“ (1 Petr 5,3) eingesetzt worden sind. Sie müssen sich vor Christus, „dem obersten Hirten“, einst verantworten und vor ihm „für die ihnen anvertrauten Gläubigen Rechenschaft ablegen“ (Hebr 13,17).

Die nicht abreißenden Berichte über Skandale der sexuellen Übergriffe von Geistlichen auf heranwachsende junge Menschen in vielen Ländern stürzen viele Katholiken in tiefe Verwirrung und bieten den Gesellschaften, die ihr christliches Erbe verleugnen und hassen, die willkommene Gelegenheit, die Kirche der Doppelmoral zu bezichtigen und sich in der eigenen Unmoral gerechtfertigt zu sehen.

Es geht hier nicht nur um Untaten einzelner psychisch schwer gestörter Personen, sondern um eine strukturelle Verweltlichung im Klerus, die blind macht für den moralischen Verfall, der aus einer Korruption der Glaubenslehre stammt.

Die Priester sind Kinder ihrer Zeit und der hypersexualisierten Gesellschaft, welche die männliche und weibliche Geschlechtlichkeit hedonistisch missbraucht und um die höhere Idee der Liebe betrügt. Aber anstatt wie Jesus von Mitleid erfüllt zu sein für die Menschen, die wie Schafe ohne Hirten sind, suchen kirchliche Meinungsführer ihr Heil in der bequemen Anpassung an den totalitären Zeitgeist und folgen den Schafen in ihrem Drang zum Abgrund.

In dieser kirchengeschichtlich einmaligen Krise mangelt es der Kirche in den einst christlichen Ländern des Westens an glaubensstarken Bischöfen, heiligen Priestern und geistesmächtigen Gelehrten.

Mitmachen, Abwiegeln, Herunterspielen, Warten auf bessere Zeiten und sophistische Unterscheidungen zwischen der unantastbaren Lehre und der pastoralen Anpassung an den Zeitgeist bis zum Verlust des unterscheidend Christlichen helfen weder der Kirche noch der Welt aus dieser Krise, wo nur die Wahrheit wirklich befreiend wirken kann.

Es ist Frau Gabriele Kuby herzlich zu danken für ihren Beitrag zu dem furchtbaren Thema des sexuellen Missbrauchs von Kindern und Jugendlichen durch Personen, die in der heiligen Weihe bestimmt worden sind, Christus, den guten Hirten, darzustellen und ihr Leben für das Heil der Seelen aufzuopfern.

Mögen sich die Verantwortlichen für diese Tragödie an den Tag des Gerichtes erinnern und bitten wir Gott um gute und würdige Diener seines Heiligtums.

MISSBRAUCH

„Euer Herz lasse sich nicht verwirren!“

„Denn es ist nichts verborgen, was nicht offenbar werden wird, auch nichts geheim, was nicht bekannt werden und an den Tag kommen wird“ (Lk 8,17). An den Tag kommt das schockierende Ausmaß von sexuellem Missbrauch in der katholischen Kirche. Der Leib Christi ist mit Eiterbeulen übersät, welche nun nicht mehr unter Priestergewändern verborgen werden können. Immer neue Enthüllungen, neue Skandale werden bekannt. Die Statistiken zeigen: Achtzig und mehr Prozent des sexuellen Missbrauchs innerhalb der katholischen Kirche werden von Priestern an Jungen unterschiedlichen Alters verübt. Erzbischof Georg Gänswein sprach unlängst vom „9/11 der katholischen Kirche“, auf das sie nun voller Entsetzen schauen müsse, „auch wenn die Katastrophe leider nicht nur mit einem Datum, sondern mit vielen Tagen und Jahreszahlen und mit zahllosen Opfern verbunden ist“[1]. Würde dieser Abgrund schwerster Sünden immer weiter unter einer Decke von Schweigen, Duldung und Vertu-

[1] http://www.kath.net/news/65076 (Zugriff auf alle zitierten Internetseiten im Oktober 2018).

schung verborgen bleiben, so wäre keine Veränderung, keine Umkehr, keine Reinigung möglich.

Sexueller Missbrauch von Kindern und Jugendlichen durch Erwachsene ist ein allgegenwärtiges Verbrechen in der hypersexualisierten Gesellschaft. Wenn dies ein Priester tut, der einmal von Gott gerufen wurde, mit seinem ganzen Leben das Evangelium zu bezeugen und die Erlösungstat Jesu am Kreuz zu verkünden, dann ist der Abgrund, in den er stürzt, bodenlos – für ihn selbst und für jenen, den er verführt oder gewaltsam missbraucht hat. Nicht nur hat er der Person tiefsten seelischen Schaden zugefügt, er dürfte in den meisten Fällen auch den Weg des Glaubens für das Opfer verschüttet haben. Für beide gilt dennoch: Jesus kann und will den Menschen, der missbraucht wurde, heilen und den Täter aus dem Abgrund der Sünde befreien.

Der grassierende sexuelle Missbrauch innerhalb und außerhalb der Kirche ist eine der Folgen der sexuellen Revolution. In nur wenigen Jahrzehnten wurde ein Umsturz der Normen über den rechten Umgang mit der Kraft der Sexualität herbeigeführt. Die „Dekonstruktion“ der sittlichen Normen kennt keine Grenzen der Vernunft oder der Natur. Nun durchsäuert die Genderideologie die gesamte Gesellschaft, welche von jedem als Lüge erkannt werden kann, nämlich die Behauptung, wir könnten unser Geschlecht frei wählen und nach Belieben ändern, ja, es gebe „gender fluidity“, also fließende Zwischenformen zwischen Männlich und Weiblich. Die revolutionären Manipulationsstrategien haben eine solche Wucht, dass es ihnen gelungen ist, das Bewusstsein der Massen ins Taumeln zu bringen – nicht nur der „Massen", sondern der Einflussreichen, der Verantwortungsträger in Universität, Politik, Medien, Wirtschaft, Justiz, Bildung – und den Kirchen. Der Gender-Drache kann sein siebenköpfiges Haupt, geschmückt mit den Diademen der Macht, nur erheben, weil Gott für einen Großteil der Menschen in den einst christlichen Nationen tot ist und „der Mensch der Gesetzwidrigkeit" (2 Thess 2,3) an seine Stelle getreten ist. Selbst viele von jenen, deren Profession es ist, Gott zu verkünden, scheinen nicht mehr daran zu glauben, dass es den heiligen, den starken, den unsterblichen Gott, vor dem sich jeder wird verantworten müssen, wirklich gibt.

Die säkulare Welt steckt in einem Dilemma. Einerseits ist die Akzeptanz und Förderung von Lesben, Schwulen, Bi-Sexuellen, Transgender-, Intersexuellen- und Queeren-Personen (LGBTIQ) zur allgemeinen Agenda der Machteliten geworden. Wer es wagt zu widersprechen, riskiert mittlerweile die soziale, politische, berufliche und wirtschaftliche Existenzvernichtung. Andererseits ist die Bloßstellung des (homo)sexuellen Missbrauchs in der Kirche das schärfste Schwert im Angriff auf die Kirche. Die sonst so aggressive LGBTIQ-Lobby verhält sich derzeit ruhig. Sie ist schon fast am Ziel. Ganz am Ziel ist sie, wenn die Kirche die Verurteilung homosexueller Handlungen als objektiv „ungeordnet" aus dem Katechismus streichen (KKK, 2357–2359) und gleichgeschlechtliche Paare nicht nur segnen, sondern die gleichgeschlechtliche „Ehe" als gültig anerkennen sollte. Aber täuschen wir uns nicht: Auch dann würde an der Front der Sexualität keine Ruhe eintreten, denn der Kampf geht um die völlige Auflösung der zweigeschlechtlichen Struktur der menschlichen Existenz. Der Transgender-Aktivist Ricki Wilchens hat es auf den Punkt gebracht: „Make the binary burn! Ending our culture's obsession with what's ‚male' and what's ‚female' will be our salvation."[2] („Lass die binäre Geschlechterordnung in Flammen aufgehen! Die Besessenheit unserer Kultur mit dem, was ‚männlich' und ‚weiblich' ist, zu beenden, wird unsere Erlösung sein.")

Welche eine Tragik, dass er und alle seine Genossen weder den Erlöser kennen noch den Heilsplan Gottes für den Menschen. Es ist ein Plan der Liebe, in dem Ehe, Sexualität und Familie einen zentralen Platz haben. Er spiegelt sich im Herzen des Menschen als Sehnsucht nach dauerhafter Liebe. Dieser Plan des Heiles ist durch die Heilige Schrift offenbart. Aufgabe der Kirche ist es, den Menschen den

[2] https://www.lifesitenews.com/news/bathrooms-are-just-the-beginning-a-scary-look-into-the-trans-movements-end

Heilsplan Gottes zu verkünden, ihn vor Fehldeutungen und Anpassungen an die je herrschende Ideologie zu schützen und durch die Vermittlung der Gnade Gottes im Leben wirksam werden zu lassen.

Sollte die Kirche als letzte Instanz aufhören, an der biblischen Wahrheit des Menschen festzuhalten, dass er als Ebenbild Gottes, als Mann und Frau (Gen 1,27), geschaffen ist, dann wäre die Bahn frei für die vollständige Auflösung der sozialen Strukturen und menschlichen Voraussetzungen von Ehe und Familie. Ist die Mehrheit der Bischöfe, Priester und Gläubigen noch überzeugt, dass unsere Identität als Mann oder Frau und unsere Sexualität etwas zu tun hat mit den „Plänen des Heils", durch die uns Gott „eine Zukunft und eine Hoffnung" geben möchte (Jer 29,11)?

Nur der „Missbrauch" ist für die meisten Bischöfe und die Medien das Problem, nicht die ausgeübte Homosexualität so vieler Priester und Bischöfe bis in die höchsten Ebenen der Hierarchie. Sie aber ist der Boden, aus dem der Missbrauch erwächst. Ob in den USA, Kanada, Chile, Argentinien, Belgien, Irland, Niederlande, Deutschland, Österreich oder Australien[3] – mehr als achtzig Prozent der Opfer sexuellen Missbrauchs durch Priester sind Jungen. Die Homosexualität ist nicht die Ursache des Missbrauchs von Knaben durch Männer, aber die Voraussetzung. Ebenso ist die Heterosexualität nicht

[3] *Das Schweigen der Hirten,* in: *Der Spiegel* Nr. 39/22.9.2018.

die Ursache des Missbrauchs von Mädchen durch Männer, aber die Voraussetzung. Missbrauch geschieht, wenn der Sexualtrieb vollständig außer Kontrolle geraten ist und so große Macht über den Menschen gewonnen hat, dass er zur Befriedigung seiner sexuellen Begierde sogar bereit ist, kriminell zu werden. Offenbar richtet sich die unbeherrschbare Begierde bei Priestern bevorzugt auf die unberührten, jugendlichen Körper von Jungen in der Pubertät, genannt „Ephebophilie". Der Täter verliert jede Hemmung durch das eigene Gewissen und kann das lebenszerstörende Leid nicht mehr wahrnehmen, das er dem anderen zufügt.

In einer neuen Studie analysiert Fr. Paul Sullins, katholischer Priester und emeritierter Soziologie-Professor der Catholic University of America, drei große Studien über den sexuellen Missbrauch in der katholischen Kirche der USA: den Pennsylvania Grand Jury Report von 2018; den Report des John Jay College of Criminal Justice von 2004 und die Untersuchung der Los Angeles Times von 2002.[4] Die Ergebnisse zeigen, dass der Anteil von Homosexuellen unter katholischen Priestern in den USA achtmal so hoch ist wie im Durchschnitt der Bevölkerung und dass eine Korrelation besteht zwischen

[4] D. Paul Sullins, *Is Catholic clergy sex abuse related to homosexual priests?* The Ruth Institute 2018. http://www.ruthinstitute.org/press/ruth-institute-releases-study-on-role-of-sexual-orientation-in-catholic-clerical-sex-abuse-scandal

dem Prozentsatz der Priester, die sich selbst als homosexuell bezeichnen, und der Anzahl der Missbrauchsfälle von Minderjährigen. Die Bischöfe haben im Zuge der Missbrauchsskandale jeweils die Einsetzung von Untersuchungskommissionen und Präventionsmaßnahmen versprochen, sich selbst davon aber immer ausgenommen. Nun ist offensichtlich, dass viele Bischöfe die homosexuelle Subkultur in den Priesterseminaren gedeckt, wenn nicht gar gefördert haben, und in den USA mindestens fünfzehn Bischöfe, unter ihnen Kardinal Theodore McCarrick, selbst des sexuellen Missbrauchs beschuldigt werden.

Viele Bischöfe äußern sich zerknirscht, sie hoffen, die Opfer mit ein paar tausend Euro zum Schweigen zu bringen, und geloben Maßnahmen der Prävention. Sie wirken weitgehend ratlos, wie dem Übel beizukommen ist.

Aber es gibt auch andere Reaktionen. So sagte Kardinal Cupich, Erzbischof von Chicago, die Kirche werde sich von „alldem nicht ablenken lassen", sie habe „größere Aufgaben", nämlich „den Obdachlosen und den Kranken zu helfen"[5]. Wieder andere nutzen die historische Stunde, um nun endlich die Abschaffung des Zölibats zu erreichen und die Sexualmoral der Kirche auf den Kopf zu stellen.

---

[5] https://chicago.suntimes.com/news/blase-cupich-catholic-sex-abuse-scandal-we-have-bigger-agenda-than-be-distracted-tells-mundelein-seminarians/

So ist auf der Website www.katholisch.de von Björn Odendahl, zu lesen: „Es gibt nur einen Weg [die Missbrauchskrise zu lösen]: homosexuelle Priester willkommen heißen und sie als gleichwertig anerkennen.“[6]

Björn Odendahl ist Chef vom Dienst dieses bundesweiten Internetportals der katholischen Kirche in Deutschland, welches von der Deutschen Bischofskonferenz mit zwei Millionen Euro pro Jahr gefördert wird.[7] Schwer vorstellbar, dass die beständige Werbung für die LGBTIQ-Agenda auf dieser Website gegen den Willen des Geldgebers betrieben wird. Wie lange werden die Gläubigen diesen Missbrauch ihrer Kirchsteuergelder noch zulassen?

Klaus Mertes, Societas Jesu, Direktor des katholischen Eliteinternats St. Blasien, dürfte sich darüber freuen. 2016 war auf eben dieser Internetplattform zu lesen:

> „‚Der Kampf für die Rechte von Homosexuellen weltweit ist ein Projekt, für das es sich lohnt, in der Kirche zu bleiben‘, so Mertes. Die katholische Kirche lehne Homosexualität vor allem deshalb ab, ‚weil sie Sex grundsätzlich mit Fruchtbarkeit verbindet. Deswegen hängt an dem Thema für sie letztlich auch das ganze Gebäude der kirchlichen

6 https://www.katholisch.de/aktuelles/standpunkt/auch-priester-mussen-uber-ihre-sexualitat-reden-konnen

7 http://www.kath.net/news/58513

Sexualmoral.' Hier sei ein Umdenken erforderlich, betonte Mertes."[8]

Klaus Mertes hat recht. Die katholische Kirche glaubt an einen Gott, der die Liebe und das Leben ist und der will, dass der Mensch lebt und lernt zu lieben, denn nur so kann er das Leben in Fülle erlangen und das ewige Heil.

Anlässlich der akuten Missbrauchskrise spricht Mertes gar vom „homophoben [!] Sumpf, der bis in die höchsten Spitzen der Hierarchie reicht und dort blubbert"[9].

Homosexuelle Kokainorgien in den Mauern der Glaubenskongregation scheinen für ihn kein „Sumpf" zu sein, auch nicht homosexuelle Serientäter als Berater des Papstes, vielmehr das Festhalten an der katholischen Lehre.

Im Sturm der sexuellen Revolution

Es sind immer Ideen, welche gesellschaftliche Veränderungen vorbereiten. Marx und Engels haben die kommunistische Theorie erdacht, bevor sie blutig verwirklicht wurde. Die Frankfurter Schule hat

---

[8] https://www.katholisch.de/aktuelles/aktuelle-artikel/mertes-fur-rechte-von-homosexuellen-kampfen

[9] https://www.katholisch.de/aktuelles/standpunkt/funf-bemerkungen-zum-missbrauchsskandal

die Zerstörung von Autorität theoretisch gerechtfertigt[10], bevor Kinder in Kinderläden sexualisiertem Chaos ausgeliefert wurden. Die Demoralisierung der Sexualität wurde von Herbert Marcuse als Vorstufe der „herrschaftsfreien Gesellschaft" verklärt und bereitete so die Sklaverei sexueller Sucht vor. Seit den Neunzigerjahren liefert die Gendertheorie die ideologische Rechtfertigung für die vollständige Auflösung der binären Geschlechtlichkeit und damit der auf ihr beruhenden ethischen Normierung der Sexualität.

Die Ziele der marxistischen Studentenrebellion von 1968, „sexuelle Befreiung" und radikaler Feminismus, wurden von den westlichen Machteliten übernommen und werden mit Hilfe der LGBTIQ-Lobby weltweit durchgesetzt. Diese Top-down-Revolution wird mit hochentwickelten Methoden der Manipulation des Massenbewusstseins geführt. Eine zentrale Funktion hat dabei die strategische Aushöhlung, Umdeutung und Neuschöpfung von Begriffen wie Freiheit, Toleranz, Menschenrechte, Vielfalt, sexuelle Orientierung und Genderidentität zum Transport einer neuen Anthropologie.

[10] Theodor W. Adorno–Else Frenkel-Brunswik–Daniel J. Levinson–R. Nevitt Sanford, *The Authoritarian Personality*, Harper und Brothers, New York 1950. Max Horkheimer–Erich Fromm–Herbert Marcuse, *Studien über Autorität und Familie. Forschungsberichte aus dem Institut für Sozialforschung*, Paris 1936, Reprint Lüneburg 2001.

Zur Pathologisierung, Diffamierung und Kriminalisierung derjenigen, die die Grundlagen von Ehe und Familie erhalten wollen, dienen Begriffe wie Homophobie, Hassrede, Diskriminierung, Rassismus, Rechtsradikalismus bis hin zur Verunglimpfung als „Nazi". Den Fahrplan für die totalitäre Umwandlung der Gesellschaft nach LGBTIQ-Vorgaben kann jedermann nachlesen: Es sind die *Yogyakarta Prinzipien* von 2007, ergänzt durch *Yogyakarta plus 10* im Jahre 2017, welche zwar von keiner politischen Institution legitimiert wurden, die aber nichtsdestoweniger von den internationalen Institutionen UN und EU und nationalen Regierungen als normativ angesehen und in Recht und Gesetz umgesetzt werden. Niemand wird später sagen können: „Wir haben es nicht gewusst!"

Hier finden sich Definitionen der Begriffe *sexuelle Orientierung* und *Genderidentität*, welche europaweit Eingang in die Antidiskriminierungs-Gesetzgebung gefunden haben. Definitionen dieser Begriffe findet man selten, denn sie eignen sich gerade wegen ihrer Verschwommenheit besonders gut als Instrumente der schleichenden Aushöhlung der moralischen Normen. In den *Yogyakarta Prinzipien* heißt es:

> „Der Begriff *sexuelle Orientierung* bezeichnet die Fähigkeit eines Menschen, sich emotional und sexuell intensiv zu Personen desselben oder ei-

nes anderen Geschlechts oder mehr als eines Geschlechts hingezogen zu fühlen und vertraute und sexuelle Beziehungen mit ihnen zu führen.“

In dieser Definition gibt es kein Kriterium der Unterscheidung sexueller Praktiken. Keine Art von sexueller Präferenz und Aktivität wird ausgeschlossen, wie zum Beispiel: Polygamie, Polyandrie, Polyamorie (Sex mit mehreren Personen beliebigen Geschlechts), Inzest (Sex mit Blutsverwandten) und auch nicht Pädophilie (Sex mit Kindern).

„Unter *geschlechtlicher Identität* versteht man das tief empfundene innere und persönliche Gefühl der Zugehörigkeit zu einem Geschlecht, das mit dem Geschlecht, das der betroffene Mensch bei seiner Geburt hatte, übereinstimmt oder nicht übereinstimmt; dies schließt die Wahrnehmung des eigenen Körpers (darunter auch die freiwillige Veränderung des äußeren körperlichen Erscheinungsbildes oder der Funktionen des Körpers durch medizinische, chirurgische oder andere Eingriffe) sowie andere Ausdrucksformen des Geschlechts, z. B. durch Kleidung, Sprache und Verhaltensweisen, ein.“[11]

---

[11] *Yogyakarta-Prinzipien*, S. 11, Präambel, Anm. 1 und 2

Nicht mehr die biologischen Merkmale des Geschlechts, sondern das wandelbare, subjektive *Gefühl* soll juristisch relevantes Kriterium der Geschlechtszugehörigkeit sein.

Der Wandel der Einstellung zur Homosexualität durch social engineering

Der historische Durchbruch für die Veränderung der Einstellung zur Homosexualität war die Entscheidung der *American Psychiatric Association* (APA) von 1973, Homosexualität von der Liste der psychischen Störungen zu streichen, sie also nicht mehr als „mental disorder" einzustufen, welche prinzipiell therapeutischen Verfahren zugänglich ist. Dies war die übereinstimmende Auffassung der großen Begründer der Tiefenpsychologie, Sigmund Freud, C. G. Jung und Alfred Adler.[12] Durch die Entscheidung der APA wurde die wissenschaftliche Diskussion über die Frage der Ursachen der Homosexualität blockiert. Wer es dennoch wagt, auf diesem Gebiet zu forschen oder Therapie anzubieten, wird von der LGBTIQ-Lobby verfolgt, die alle Hebel in Bewegung setzt, um solchen Forschern

[12] Vgl. Jakob Cornides, „Natural and un-Natural Law", *Selected Works of Jakob Cornides*, http://works.bepress.com/jakob_cornides/17/

und Institutionen[13] die juristische und finanzielle Existenzbasis zu entziehen. (Die Aktivisten-Verbände scheint es nicht zu stören, dass mit der Leugnung der Veränderbarkeit von Homosexualität zur Heterosexualität die Genderideologie des willkürlichen Geschlechtswechsels Lügen gestraft wird.)

Wissenschaftliche Konferenzen müssen unter Geheimhaltung stattfinden, wenn sie nicht riskieren wollen, von der LGBTIQ-Lobby torpediert zu werden.[14] Das zeigt, dass jene, die als Interessenvertreter von Schwulen, Lesben und Transgender-Personen auftreten, keineswegs deren Interessen im Sinn haben, denn die wissenschaftliche Erforschung der Ursachen, Aufklärung über die psychischen und physischen Risiken, das freie Angebot therapeutischer Veränderungsmöglichkeiten für „ego-dystone" Homosexualität sowie die freie Wahl des Therapieziels sollten in einer Demokratie selbstverständliche Rechte von Betroffenen sein. Die Kirche, die, wie nun jeder weiß, von überwiegend homosexuellem Missbrauch geschändet ist, sollte im eigenen Interesse an solcher Forschung und therapeutischen Hilfe höchstes Interesse haben und Forscher

---

[13] International Federation for Therapeutic and Counselling Choice. https://www.therapeuticchoice.com

[14] Ein Beispiel: 2009 setzte der Lesben- und Schwulenverband in Deutschland (LSVD) alle Hebel in Bewegung, um den Fachkongress der *Akademie für Psychotherapie und Seelsorge* in Marburg zu verhindern, auf dem zwei, vom LSVD bekämpfte, wissenschaftliche Referenten zum Thema Identität referieren sollten. Der Kongress konnte nur unter massivem Polizeischutz stattfinden.

und Institutionen fördern, finanzieren und schützen, die in diesem Bereich tätig sind.

Die Entscheidung der APA war nicht das Ergebnis wissenschaftlicher Diskussion, sondern politischen Drucks auf druckempfindliche Menschen.[15] Einer Handvoll Aktivisten gelang es, die Weichen der geschichtlichen Entwicklung herumzuwerfen. Ob sich die Mitläufer der historischen Tragweite ihres Schweigens bewusst waren?

Nun konnte Homosexualität als normale Variante menschlicher Sexualität dargestellt werden und jeder, der sich dieser Auffassung widersetzte, dem Diskriminierungsvorwurf ausgesetzt werden. Es dauerte immerhin bis 1990, bis sich die Weltgesundheitsorganisation (WHO) der Entscheidung der APA anschloss, siebzehn Jahre, in denen die von zahlreichen Milliardärs-Stiftungen (u. a. Rockefeller, Bill Gates, George Soros) finanzierten NGOs hocheffizient daranmachten, das Ausleben von sexueller Vielfalt zu einem „Menschenrecht" zu erklären und weltweit durchzusetzen. „Gay rights are human rights and human rights are gay rights!", rief Hillary Clinton 2011 im UN-Palast der Nationen zur Feier des Tages der Menschenrechte aus.[16] Paraden der sexuellen

---

[15] Charles W. Socarides, *Sexual Politics And Scientific Logic. The Issue Of Homosexuality*, in: *The Journal of Psychohistory*, 19 (3), Winter 1992. Vgl. Robert Reilly, *Making Gay Okay*, S. 118ff.

[16] Hillary Rodham Clinton, *Remarks in Recognition of International Human Rights Day*, Genf, Haus der Nationen, 06.12.2011; http://www.state.gov/secretary/rm/2011/12/178368.htm

Vielfalt durch die Großstädte dienen als kollektives „coming out", um dann Schritt für Schritt gesetzliche Änderungen zu erwirken. Von der Toleranz zur Akzeptanz zur Kriminalisierung von Widerspruch. Von der eingetragenen gleichgeschlechtlichen Partnerschaft zur vollständigen Gleichstellung mit der Ehe. Vom Adoptionsrecht zur künstlichen Produktion des Kindes durch Kauf des fehlenden Erbgutes – Ei oder Samenzellen – und der Anmietung der Gebärmutter einer Frau zur Austragung eines im Reagenzglas erzeugten Embryos. Von der Homosexualität zur Transsexualität.

Eine entscheidende Rolle bei der Revolution der sexuellen Vielfalt spielen, wie bei jeder Revolution, die Medien und der Zugriff auf die nächste Generation.

Mediale Manipulation: Im Jahr 1989 publizierten die Sozialwissenschaftler und Homo-Aktivisten Marshall Kirk und Hunter Madsen das Buch *After the Ball – How America Will Conquer Its Fear and Hatred of Gays in the 90'* (Penguin Books, New York 1989). Darin werden im Detail die sozialpsychologischen Methoden dargelegt, wie die Grundeinstellung der Bevölkerung zur Homosexualität durch mediale Propaganda in einem dreistufigen Prozess geändert werden kann:

1. Desensibilisierung: Schwule als sympathische brave Bürger darstellen.

2. Die „Vorurteilsmaschine blockieren“: Personen, die Homosexualität ablehnen, negativ stigmatisieren als „homophobe und homohassende Frömmler, als grossmauliges A..., der nicht nur „Schwuchtel“ sagt, sondern auch „Nigger“ oder „Judensau“ oder sonstige schambesetzte Ausdrücke – der jedenfalls kein Christ ist (S. 151f.).
3. Konversion: Die „bigots“, die frömmelnde Fanatiker dazu bringen, dass sie Homosexuelle gern mögen (S. 153f.).

In wenigen Jahrzehnten wurde das Bewusstsein der Massen durch strategische Manipulation so verändert, dass heute eine ablehnende Einstellung zur Homosexualität mit Schimpfworten stigmatisiert wird, deren negative emotionale Ladung inzwischen allgemein geteilt wird: „Homophob“, „Homohasser“, „Fundamentalist“.

Wer will schon gerne Zielscheibe derartiger Schmähungen sein, die mit medialen Kampagnen, „shit storms“ und juristischer Verfolgung umso aggressiver betrieben werden, je einflussreicher die Person ist? Bedauerlicherweise gibt es kaum mehr Bischöfe, die bereit sind, dieses Kreuz in der Nachfolge Jesu auf sich zu nehmen.

Die Prägung der nächsten Generation ist zukunftsentscheidend. Die Sexualrevolutionäre wissen, dass der neue sexualisierte Gender-Mensch nur durch Indoktrination und Umerziehung der Kinder zu erreichen ist. Kindern muss von klein auf die sexuelle Vielfalt als moralisch gut und erstrebenswert vermittelt werden. Seit den 1970er-Jahren führte der Staat zunehmend obszönere, Scham zerstörende „emanzipative" Sexualerziehung in die Lehrpläne ein.[17] Kinder und Jugendliche werden durch die staatlichen Programme, wie sie von der Weltgesundheitsorganisation (WHO), International Planned Parenthood Federation (IPPF), der UNESCO, der Bundeszentrale für gesundheitlichen Aufklärung (BZgA) bis hin zu katholischen Frauen-und Jugendverbänden vertreten werden, ab dem Kindergarten in hedonistische Sexualpraktiken aller Art eingeführt. Sie lernen, dass jede sexuelle Praktik (LGBTIQ) gleich gut und für sie eine Option ist; dass es verschiedene Familientypen gibt und der Prinz den Prinzen heiratet; sie bekommen bereits in Kindergarten durch Bilderbücher die Botschaft, dass sie ihr Geschlecht wechseln können (und später pubertätsblockierende und lebenszerstörende Hormone). Sie werden selbst in sogenannten „Präventionsprogrammen" zur Masturbation und sexuellen Spielen ermutigt, weil ihnen angeblich die Erfahrung ihres Körpers als Lustorgan hilft, sexuelle Zudringlichkeit abzuwehren. (Das Ge-

[17] Christa Meves hat die verheerenden Wirkungen der „Befreiung der Jugend zum Sex" seit Anfang der Siebzigerjahre aufgedeckt und ununterbrochen davor gewarnt, u. a. in diesen Werken: *Zur Sexualität befreit, zur Abartigkeit verführt*, in: *Manipulierte Maßlosigkeit*, Herder Verlag, Freiburg 1971. *Wunschtraum und Wirklichkeit*, Herder Verlag, Freiburg 1972. *Verführt. Manipuliert. Pervertiert*, Resch Verlag, Gräfelfing 2003.

genteil ist der Fall, es macht sie gefügig für pädophile Avancen.)[18]

Regierungen, Parlamente, Gerichtshöfe und staatliche Ethikräte rechtfertigten, legitimierten und sanktionierten all diese Schritte und scheuten nicht davor zurück, schließlich sogar dem Kind seine Abstammung zu rauben. Man stelle sich vor, dass ein Mensch heranwächst und irgendwann feststellen muss, dass er niemals wird wissen können, wer seine Mutter oder sein Vater ist. Es könnte ihn mörderische Wut ergreifen.

Nun leben wir in einer demoralisierten Gesellschaft, in welcher überall und ununterbrochen der Sexualtrieb angestachelt wird. Medien, Unterhaltung und Werbung ergießen ihre schmutzige Flut viele Stunden täglich in den öffentlichen Raum, in jedes Wohnzimmer und jedes Herz. Jeder dritte Aufruf im Internet ist Pornografie. Kinder können, seit es Smartphones gibt, nicht mehr davor geschützt werden. Man stelle sich vor, die UN und EU würden gegen Pornografie eine ebenso hartnäckige Kampagne führen wie gegen das Rauchen, aber daran besteht kein Interesse. Der Unterschied ist: Rauchen schädigt die Gesundheit, Pornografie zerstört Ehe und Familie und die Liebes- und Bindungsfähigkeit von Jugendlichen *und* Erwachsenen.

---

[18] Vgl. Gabriele Kuby, *Die globale sexuelle Revolution – Zerstörung der Freiheit im Namen der Freiheit*, Fe-Medienverlag, Kisslegg 2012, Kapitel 12.

Die Kirche im Sturm der sexuellen Revolution

Die katholische Kirche ist keine Festung, welche bei Angriff die Zugbrücke hochziehen könnte. Sie ist eine Gemeinschaft von getauften Sündern, welche, sofern sie noch in die Kirche gehen und glauben, was sie im Glaubensbekenntnis bekennen, nach dem ewigen Heil streben und wissen, dass sie der Vergebung ihrer Sünden bedürfen und ihnen durch Kreuz und Auferstehung Jesu Christi Erlösung zuteilwerden kann. Aber für wie viele unter den zehn Prozent Kirchgängern trifft dies noch zu?

Der Durchbruch der sexuellen Revolution von 1968 erfolgte kurz nach dem Zweiten Vatikanischen Konzil (1962–1965), welches von vielen als eine Lockerung der verbindlichen katholischen Lehre und Praxis wahrgenommen wurde – ob zurecht oder zu unrecht, kann hier nicht diskutiert werden. Jedenfalls trug der frische Wind durch die geöffneten Fenster des *Aggiornamento* die Samen der sexuellen Revolution in die Kirche, welche dort mit erstaunlicher Geschwindigkeit Wurzeln schlugen und in Lehre und Praxis austrieben.

Paul VI. versuchte mit seiner Enzyklika *Humanae Vitae*, veröffentlicht im schicksalshaften Jahr 1968, noch einen Pflock einzuschlagen, um das Schiff der Kirche daran festzubinden. Aber vergeblich! Trotz seiner Flehrufe an die Bischöfe folgten sie ihm vielfach nicht, vielmehr kam es zur offenen Rebellion gegen das Lehramt und zu weltweitem Widerstand der Medien und säkularer Institutionen. Das Aufbegehren von Bischöfen und Theologen richtete sich insbesondere gegen Artikel 11 und 12, in welchen festgestellt wird, „dass jeder eheliche Akt von sich aus auf die Erzeugung menschlichen Lebens hingeordnet bleiben muss ... diese Verknüpfung darf der Mensch nicht eigenmächtig lösen". Aber gerade zu dieser Eigenmacht ermächtigten die rebellierenden Bischöfe vieler Länder, indem sie nach seitenlangen Verbeugungen vor der Autorität des Lehramtes den Eheleuten die Verhütung unter Berufung auf ihr „subjektives Gewissen" freistellten.

Bevor die Druckerschwärze für die Enzyklika noch recht getrocknet war, hatte der US-amerikanische Priester und Moraltheologe Charles E. Curran bereits ein Protestschreiben nach Rom gesandt, für welches er die Unterschriften von 87, später 300 Theologen gewinnen konnte. Hat man erst einmal die Bindung der Sexualität an die reproduktive Funktion theoretisch und praktisch aufgegeben, dann ist die Tür zur Rechtfertigung beliebiger sexueller Handlungen aufgestoßen. Curran wurde alsbald zu einem der Vorreiter der moraltheologischen Rechtfertigung der homosexuellen Praxis. Er forderte das Lehramt der römisch-katholischen Kirche auf, gleichgeschlechtliche sexuelle Beziehungen als moralisch gut anzuerkennen.[19]

Diese Ansicht wurde nach und nach zum Mainstream der an vielen theologischen Fakultäten gelehrten Moraltheologie. Der sogenannte *Kosnik Report*[20], der in den 1970er-Jahren zum Standardwerk in den amerikanischen Priesterseminaren wurde, rechtfertige moraltheologisch Masturbation, Kohabitation (unverheiratetes Zusammenleben), Ehebruch und Homosexualität.

Dies wird möglich, wenn die Geltung *absoluter* moralischer Normen aufgegeben wird, also die Auffassung vertreten wird, dass es keine „in sich schlechten Handlungen" gibt, sie vielmehr durch die Absicht und die Umstände einer Handlung gerechtfertigt werden können – eine moraltheologische Position, die als „proportionalistische Theorie" von Johannes Paul II. in seiner Enzyklika *Veritatis Splendor* (Art. 79 und 80) 1993 verurteilt wurde.

Die Enzyklika kam zu spät. Innerhalb von zwanzig Jahren hatte die moraltheologische Rechtfertigung der praktizierten Homosexualität in den Priesterseminaren und im Klerus bereits Tür und Tor geöffnet.

---

[19] In den folgenden Ausführungen stütze ich mich auf D. Vincent Twomey, *The theological roots of the present crisis, https://www.catholicworldreport.com/2018/08/03/the-theological-roots-of-the-present-crisis/*

[20] Anthony Kosnik et al, *Human Sexuality: New Directions in American Catholic Thought*, Paulist Press 1977.

Johannes Paul II. setzte alles daran, mit einer Fülle von Lehrschreiben und der tiefschürfenden *Theologie des Leibes* die Schönheit von Sexualität, Ehe und Familie im Plan Gottes aufleuchten zu lassen – aber vergeblich. Der Glanz der Wahrheit hatte keine Macht mehr, die Strukturen der Sünde in der Kirche aufzubrechen. Sie hatten sich bereits so festgesetzt, dass sie die Transmission der päpstlichen Lehre bis hinein in die theologischen Fakultäten, Priesterseminare, Religionsunterricht und Gemeinden systematisch verhindern konnten. Verkündigung der kirchlichen Lehre über Sexualität – ein Totalausfall seit den Siebzigerjahren.

Die sexuellen Sünden konnten wuchern, wurden theologisch gerechtfertigt, im Beichtstuhl für nicht existent erklärt (sofern er überhaupt noch genutzt wurde), in den Priesterseminaren geduldet und vertuscht, bis, wie kann es anders sein, nun an der verbindlichen katholischen Lehre, am *depositum fidei*, gerüttelt wird. Die globale Missbrauchskrise ist die sichtbar gewordene Spitze des Eisbergs der sexuellen Sünde, der nun, Gott sei Dank, ans Licht kommt.

Unvereinbarkeit mit christlicher Anthropologie

Als neu geborenes Baby finden wir uns in einem Körper und einer Welt, die wir nicht gemacht haben. Dieser Körper ist entweder männlich oder weiblich.

(Wir sehen hier ab von seltenen organischen Anomalien der Intersexualität, selbst wenn das Bundesverfassungsgericht sich 2017 zum Schöpfer eines „dritten Geschlechts“ gemacht hat.) Weil dies die unaufhebbare Grunddifferenzierung der menschlichen Identität ist, gilt die erste Frage zur Lüftung des Geheimnisses des neuen Menschen seinem Geschlecht: ein Junge oder ein Mädchen? Nichts daran ist „zugeschrieben“ oder gesellschaftlich „konstruiert“, vielmehr ist es gegeben und muss angenommen werden, will der Mensch zu einer Integration von Leib und Geist gelangen, um so seine Identität als Mann oder Frau zu entfalten und sich als Vater oder Mutter durch den sexuellen Akt fortzupflanzen.

Dies ist Plan A der Natur, der sich in der gesamten Menschheitsgeschichte offenbar bewährt hat, sonst gäbe es uns heute nicht. Evolutionsbiologen brauchen zur Erklärung keinen Gott, sondern stellen einfach fest: Die zweigeschlechtliche Fortpflanzung ist die *conditio sine qua non* des *homo sapiens*, dem intelligentesten der Säugetiere. Aber dieser *homo sapiens* hat den unauslöschlichen Drang, nach seinem Woher und Wohin zu fragen und in der Welt, in die er hineingeworfen ist, Sinn zu entdecken, das *telos* der Dinge, wie es Aristoteles nennt.

Prof. Robert Spaemann schreibt im Vorwort zum Buch der Autorin *Die globale sexuelle Revolution*:

„Damit es keine Anomalität mehr gibt, wird der Begriff des Normalen tabuisiert und unter Ideologieverdacht gestellt. Dabei ist Normalität für alles Lebendige konstitutiv. Im Bereich der unbelebten Natur, also im Bereich der Physik, gibt es keine Normalität, sondern nur strenge Gesetzmäßigkeit. Überall dagegen, wo es Leben gibt, gibt es so etwas wie ein artspezifisches ‚Aus-sein-auf-Etwas'. Und dieses, worauf die Natur aus ist, kann auch durch eben dieselbe Natur verfehlt werden ... Der Begriff einer normativen Normalität ist unverzichtbar, wenn es um den Umgang mit Lebensvorgängen geht. Irrtümer auf diesem Feld sind lebensgefährlich für die Menschheitsfamilie."

Bis zur sexuellen Revolution unserer Tage war Heterosexualität in christlich geprägten Kulturen normal *und normativ* und bildete so die Grundlage der auf die Familie gegründeten Sozialstruktur.[21] Diese Grundlage wurde in den letzten Jahrzehnten mit wachsender Beschleunigung zerstört. Nun sind es

---

[21] Wie eine Gesellschaft mit „Unnormalität" umgeht, ist eine andere Frage. Christlich geprägte Gesellschaften haben in den letzten vier Jahrzehnten sexuelle Handlungen zwischen gleichgeschlechtlichen Personen entkriminalisiert. Dass die Persönlichkeitsrechte im intimen Bereich der Sexualität geschützt werden, war eine notwendige juristische Korrektur. Für Christen gilt der Satz des heiligen Augustinus: *Die Sünde hassen und den Sünder lieben.* Dies darf keine leere Floskel sein, sondern muss für gleichgeschlechtlich lebende Personen eine reale Erfahrung mit Christen sein. Die Identität eines Menschen hat viele Aspekte, von denen die wandelbare sexuelle Präferenz nur einer ist.

die hedonistischen sexuellen Normen, die normativ geworden sind und deren Durchsetzung mit zunehmend totalitären Methoden erzwungen wird. Dass dies einer Minderheit von zwei Prozent der Menschheit gelingt, kann nur dadurch erklärt werden, dass die Machteliten diese Minderheiten für ihre eigenen Zwecke instrumentalisieren.

Die normative Normalität der Heterosexualität ist für Christen, die am Wort Gottes festhalten, nicht verhandelbar, siehe Gen 19,1–29; Lev 18,22; Röm 1,24–27; 1 Kor 6,9–10; 1 Tim 1,10. Dies ist im Katechismus der Katholischen Kirche (2016) eindeutig festgehalten. Die Abschnitte seien hier zitiert, denn um sie tobt der Kampf:

> *2357* Gestützt auf die Heilige Schrift, die [Homosexualität] als schlimme Abirrung bezeichnet, hat die kirchliche Überlieferung stets erklärt, „dass die homosexuellen Handlungen in sich nicht in Ordnung sind". Sie verstoßen gegen das natürliche Gesetz, denn die Weitergabe des Lebens bleibt beim Geschlechtsakt ausgeschlossen. Sie entspringen nicht einer wahren affektiven und geschlechtlichen Ergänzungsbedürftigkeit. Sie sind in keinem Fall zu billigen.

> *2358* Eine nicht geringe Anzahl von Männern und Frauen haben tiefsitzende homosexuelle Tendenzen. Diese Neigung, die objektiv unge-

ordnet ist, stellt für die meisten von ihnen eine Prüfung dar. Ihnen ist mit Achtung, Mitgefühl und Takt zu begegnen. Man hüte sich, sie in irgendeiner Weise ungerecht zurückzusetzen. Auch diese Menschen sind berufen, in ihrem Leben den Willen Gottes zu erfüllen und, wenn sie Christen sind, die Schwierigkeiten, die ihnen aus ihrer Verfasstheit erwachsen können, mit dem Kreuzesopfer des Herrn zu vereinen.

2359 Homosexuelle Menschen sind zur Keuschheit gerufen. Durch die Tugenden der Selbstbeherrschung, die zur inneren Freiheit erziehen, können und sollen sie sich – vielleicht auch mit Hilfe einer selbstlosen Freundschaft – durch das Gebet und die sakramentale Gnade Schritt um Schritt, aber entschieden der christlichen Vollkommenheit annähern.

Nicht verhandelbar ist darüber hinaus, dass die unauflösliche Ehe zwischen Mann und Frau der soziale Schutzraum für den sexuellen Akt ist, der prinzipiell für die Zeugung von Kindern offen ist. Wer sich heute in Wort und Tat dem Zeitgeist unterwirft, das voreheliche Konkubinat gutheißt, die Unauflöslichkeit der Ehe infrage stellt und Homo-, Bi- und Transsexualität mit theologischer Sophisterei rechtfertigt, hebt die Verbindlichkeit des Wortes Gottes auf, verbreitet Irrlehren und trägt zur Demontage des Christentums bei.

Weil Sex-nur-in-der-Ehe-zwischen-Mann-und-Frau die in der Offenbarung Gottes verankerte christliche Lehre ist, welche bislang von der katholischen Kirche vertreten wurde und so im geltenden Katechismus niedergelegt ist, wird die katholische Kirche von den Sexualrevolutionären gehasst. Dass dennoch „verhandelt" wird, ist ein Sieg des jahrzehntelangen strategischen Kampfes der Sexualrevolutionäre außerhalb und innerhalb der Kirche, das Bollwerk der katholischen Kirche zu schleifen.

Die abenteuerlichen Uminterpretationen der biblischen Aussagen und damit der biblischen Anthropologie stützen sich unter anderem auf das Argument, dass heute, anders als in der Antike, homosexuelle Beziehungen in der Regel treue Beziehungen zwischen zwei Partnern seien, ohne besondere gesundheitliche und psychische Risiken. Das widerspricht allen wissenschaftlichen Befunden. Volker Beck, bekennender Homosexueller, LGBT-Aktivist und bis 2017 religionspolitischer Sprecher der Bundestagsfraktion Bündnis 90/Die Grünen, sagte in der Debatte um die Legalisierung der eingetragenen Partnerschaft: „Wenn man hofft, die Schwulen zu treuen Ehepartnern zu machen, muss und wird die schwule Beziehungsrealität den Gesetzgeber enttäuschen."[22]

---

[22] Volker Beck, *Legalisierung schwuler und lesbischer Lebensgemeinschaften*, in: Demokratie und Recht, 1991, 4, S. 457.

Hinter den hohen moralischen Anforderungen an den Menschen leuchtet das christliche Menschenbild auf: „Als Abbild Gottes schuf er ihn. Als Mann und Frau schuf er sie. Gott segnete sie und Gott sprach zu ihnen: Seid fruchtbar und mehret euch“ (Gen 1,27–28). Und im zweiten Schöpfungsbericht heißt es: „Darum verlässt der Mann Vater und Mutter und bindet sich an seine Frau und sie werden ein Fleisch“ (Gen 2,24). Von der ersten bis zur letzten Seite spricht die Bibel von der ehelichen Liebe als Spiegel und Metapher für den Liebesbund Gottes mit dem Menschen, der zuletzt in der Hochzeit des Lammes mit seiner Braut der Kirche vollendet wird (Offb 19,7). Sollten wir nicht jubeln über die unfassbar hohe Berufung des Menschen, den der Schöpfer „nur wenig geringer gemacht hat als Gott“ und ihn „mit Herrlichkeit und Ehre gekrönt“ hat (Ps 8,6)?

Der Gott der Liebe und des Lebens will uns das Leben in Fülle schenken und uns zu seinen Hausgenossen machen, dafür müssen wir lernen zu lieben mit Leib und Seele und Geist. Keuschheit heißt nicht Abstinenz von Sexualität. Sie ist für Ehepaare nicht minder ein Gebot als für zölibatär lebende Priester. Folgendes ist im Katechismus der Katholischen Kirche zu lesen:

> „Keuschheit bedeutet die geglückte Integration der Geschlechtlichkeit in die Person und folglich

die innere Einheit des Menschen in seinem leiblichen und geistigen Sein. Die Geschlechtlichkeit, in der sich zeigt, dass der Mensch auch der körperlichen und biologischen Welt angehört, wird persönlich und wahrhaft menschlich, wenn sie in die Beziehung von Person zu Person, in die vollständige und zeitlich unbegrenzte wechselseitige Hingabe von Mann und Frau eingegliedert ist" (KKK 2337).

Der Mensch, der von Gott abgefallen ist, kann das Licht der christlichen Anthropologie nicht mehr sehen, kann nicht an die Verheißung glauben, sieht keinen Schimmer der Gnade, die es ihm ermöglicht, den Weg zu gehen, der an das Tor des ewigen Lebens führt. Übrig bleibt das kalte „du sollst", gegen das er aufbegehrt – und der Abgrund der Leiden, der aufreißt, wenn der Mensch seine Freiheit missbraucht und sich dem Heilsplan Gottes widersetzt.

Aufgabe der Kirche ist es, dieses Licht Gottes leuchten zu lassen, dem suchenden Menschen den Weg zum guten Leben auf Erden und zum ewigen Leben nach dem Tod zu weisen und ihm die geistlichen Mittel an die Hand zu geben, wie er den Weg gehen kann. Die Kirche muss ihn lehren, seinen freien Willen zu gebrauchen, um das Gute zu tun, und sein Gewissen bilden, um als Sünde zu erkennen, was ihn von Gott trennt; sie vergibt ihm die Sünden und verkündet ihm den barmherzigen Gott, der sagt:

„Ich bin nicht gekommen, um die Sünder zur Umkehr zu rufen, nicht die Gerechten“ (Lk 5,32).

Dies alles ist in den Predigten in den Gemeinden kaum mehr zu hören, stattdessen wird der Wohlfühl-Gott verkündet, der keine Anforderungen stellt und hoffentlich die Bitten um Frieden und Wohlstand für die ganze Welt erfüllen möge. Es wird nur noch die Barmherzigkeit Gottes verkündet. Aber wozu brauchen wir die Barmherzigkeit Gottes, wenn wir doch „okay“ sind, Menschen mit Schwächen, denen ab und zu Fehler passieren und denen der liebe Gott doch bitte jedes Leid ersparen möge? Zu geistlichem Kampf mit der Waffenrüstung Gottes werden wir nicht mehr angeleitet (Eph 6,10–18). Warum liegt das Sakrament der Versöhnung darnieder, dieses unfassbare Geschenk der Sündenvergebung, das Jesus uns am Kreuz erworben hat? Warum beichtet selbst von den Priestern nur noch ein Bruchteil? Je weiter man auf dem Weg der Nachfolge Jesu fortschreitet, umso mehr wird man seiner Sünden gewahr und beginnt tiefe Reue zu empfinden, wie sehr man durch den falschen Gebrauch der Freiheit die Beziehung zu Gott verletzt hat. Dann erst fällt die Verheißung der unerschöpflichen Barmherzigkeit Jesu, wie sie durch Margareta Maria Alacoque im 17. Jahrhundert und erneut durch Schwester Faustina im 20. Jahrhundert der Menschheit kundgetan wurde, auf den fruchtbaren Boden echter Reue. Herzensreue ist die Bedingung von Umkehr. Dazu müssen wir angeleitet werden durch die vollmächtige Verkündigung des ganzen Evangeliums. Immer mehr Menschen spüren, dass ihnen ein Gott der Liebe ohne Wahrheit und der Barmherzigkeit ohne Erkenntnis der Sünden nicht helfen kann, und kehren der Kirche den Rücken.

Die Durchsetzung der Kirche mit homosexuellen Netzwerken

Auf dem Flug nach Fatima am 11. Mai 2010 sagte Papst Benedikt XVI. zu den ihn begleitenden Journalisten:

> „Der Herr hat uns gesagt, dass die Kirche auf verschiedene Weise immer leiden würde bis zum Ende der Welt … Unter dem Neuen, das wir heute (im dritten Geheimnis der Botschaft von Fatima) entdecken können, ist auch die Tatsache, dass die Angriffe gegen den Papst und die Kirche nicht nur von außen kommen. Sondern die Leiden der Kirche kommen gerade aus dem Inneren der Kirche. Sie kommen von der Sünde, die in der Kirche existiert. Auch das war immer bekannt, aber heute sehen wir es auf wahrhaft er-

schreckende Weise: Die größte Verfolgung der Kirche kommt nicht von den äußeren Feinden, sondern erwächst aus der Sünde innerhalb der Kirche."

Es scheint, dass die gesamte Kirche von homosexuellen Netzwerken durchsetzt ist, Priesterseminare, Ordensgemeinschaften, Laienorganisationen mit Seilschaften, die bis hinauf zu den höchsten Positionen im Vatikan reichen. Ständig kommen neue schockierende Tatsachen ans Licht von aktiv praktizierter Homosexualität zwischen erwachsenen Klerikern, sexuellem Missbrauch von Priestern, Bischöfen und Kardinälen an überwiegend männlichen Kindern und Jugendlichen und dem großen, jahrzehntelangem Dulden und Vertuschen durch die Bischöfe.[23]

Der polnische Priester DDr. habil. Dariusz Oko hat in seinem Aufsatz *Mit dem Papst gegen die Homohäresie*, geschrieben 2012 unter dem Pontifikat von Benedikt XVI., die homosexuelle Ideologie und Propaganda und die Bildung einer „Homo-Mafia" in der Kirche schonungslos ans Licht gebracht.

Die Fälle von aktiver Homosexualität, Missbrauch und Vertuschen durch Bischöfe, die Dr. Oko benennt, brauchen hier nicht im Einzelnen wiederholt zu werden. Zusammenfassend schreibt er:

---

[23] Vgl. *Du sollst nicht lügen*, in: Der Spiegel, Nr. 39/22.9.2018.

„Nicht nur die Zahl schwerer, sexueller Verbrechen zeugt demnach von der Stärke dieses Untergrundes, sondern auch – und sogar noch mehr – wie sehr die Wahl der Kandidaten für das Bischofsamt beeinträchtigt ist, wie der „Aufstieg“ in der Kirche trotz Vergehen dieser Art, trotz Doppelleben möglich ist. Zeichen dieser Stärke ist auch die erfolgreiche Verheimlichung und das Vertuschen solcher Fälle, die innerkirchliche, oft unüberwindbare Blockade hinsichtlich der Verteidigung der Geschädigten und dem Recht auf elementare Wahrheit und Gerechtigkeit ... Infolgedessen geschieht etwas Schreckliches, nämlich, dass das Wohlbefinden der homosexuellen Straftäter wichtiger wird als das Schicksal der Kinder und Jugendlichen und das Schicksal der Kirche im Ganzen ... Damit ein Dulden und Verheimlichen des Bösen in diesem Ausmaß möglich ist, müssen die entscheidenden Positionen mit Eingeweihten besetzt sein, muss es nicht nur eine Homolobby geben, sondern Homoseilschaften, ja eine Homomafia.“ [24/25]

---

[24] Dariusz Oko, *Mit dem Papst gegen Homohäresie*, in: Theologisches, Jg. 42, Nr. 09/10. http://www.theologisches.net/files/2012%20-%20Theolog%20-%2009%20+%2010.pdf

[25] Die Existenz homosexueller Netzwerke bis hinauf in die höchsten Ebenen der Hierarchie wird von Erzbischof Viagnò in seinem dritten Zeugnis vom 19. Oktober 2018 bestätigt. https://www.lifesitenews.com/news/archbishop-viganos-third-testimony

Wie kommt es, dass so viele Priester homosexuell sind? Homosexualität ist unter den Priestern deutlich weiter verbreitet als im Durchschnitt der Bevölkerung. (Die exakten Zahlen mögen die Untersuchungskommissionen der Bischöfe ermitteln.)

In dem Buch *Goodbye, Good Men: How Liberals Brought Corruption into the Catholic Church* (Regnery Publishing, Washington D.C. 2002) beschreibt Michael S. Rose die Selektionspraxis in den von ihm untersuchten US-amerikanischen Priesterseminaren: Priesteramtskandidaten mit normaler männlicher Identität, die an der kirchlichen Lehre festhielten, wurden nicht angenommen oder vor der Weihe ausgesiebt; liberale, homosexuell orientierte Kandidaten wurden bevorzugt aufgenommen, gefördert und geweiht.

Paul Wood, Ex-Seminarist im St. Augustine Seminar in Toronto von 1980–81, schrieb im Herbst 2018 einen offenen Brief an Erzbischof Kardinal Thomas Collins. Darin heißt es:

> „Meine Berufung und die von vielen hervorragenden Kandidaten wurde durch die homosexuelle Kultur und schwulenfreundliche Regenten zerstört ... Niemals habe ich einen Bischof oder Priester gegen Homosexualität sprechen hören, oder auch nur über Sünde ... Die Enzykliken von Papst Johannes Paul II. wurden vollständig ignoriert ... Einige sagen, die Kirche werde

> Homosexualität normalisieren. Wir werden das nicht mehr tolerieren. Wir sind entsetzt über die Gleichgültigkeit des Klerus gegenüber den vielen Opfern homosexuellen Missbrauchs ... Man hat uns das Gefühl gegeben, ‚uncool' zu sein, altmodisch, ein Ärgernis, wenn wir Sünde, die Sünde der Homosexualität, thematisiert haben ... Niemand hat etwas gesagt, außer er wurde öffentlich ertappt ... Moralisch gute katholische Seminaristen gab man das Gefühl, nicht willkommen zu sein."[26]

Der katholische Priester Enrique Rueda veröffentlichte bereits 1982 das Buch *The Homosexual Network: Private Lives and Public Policy*, in welchem er die Ausbreitung der ideologischen Rechtfertigung und Praxis der Homosexualität in der katholischen Kirche und anderen religiösen Organisationen beschreibt und mit 522 Fußnoten und 160 Seiten wissenschaftlichen Anhängen dokumentiert. In einer Besprechung des Buches bei EWTN aus dem Jahr 2002 heißt es:

> „Hätten Sie das Buch damals gelesen, würde Ihnen nicht ungläubig der Unterkiefer herunterfallen, wenn Sie erfahren, dass es in jeder US-ameri-

---

[26] https://www.churchmilitant.com/news/article/one-mans-open-letter-to-the-canadian-bishops

kanischen katholischen Diözese die Anklage des sexuellen Missbrauchs von Kindern gibt. In diesem Buch dokumentiert Fr. Rueda detailliert das schon damals wachsende Netzwerk von Unterstützungsgruppen, persönlichen Beratern, Newslettern und Organisationen von Homosexuellen und pro-Homosexuellen in den Kirchen der Vereinigten Staaten ... Das Netzwerk war besonders effektiv in der katholischen Kirche. In den späten Siebzigerjahren war eine Schlüsselposition der Nationalen Konferenz der katholischen Bischöfe von einem Führer der homosexuellen Bewegung in Washington D.C. besetzt, der gleichzeitig Präsident von ‚Dignity' war, einer Organisation, welche die katholische Kirche dazu zwingen will, sich zu Homosexuellen gemäß der Grundsätze der homosexuellen Ideologie zu verhalten"[27] (Übersetzung von der Autorin).

Für einen Mann mit homosexueller Neigung ist die reine Männergesellschaft im Binnenmilieu des priesterlichen Berufsstandes zunächst sehr anziehend und komfortabel. Er wird nicht mit seiner Schwierigkeit konfrontiert, mit Frauen in normale Beziehung zu treten. Es fällt nicht auf, dass er weder an einer Liebesbeziehung zu einer Frau noch an

[27] http://www.ewtn.com/v/experts/showmessage_print.asp?number=310257&language=en

der Ehe interessiert ist. Vielmehr kann er sich hinter dem Zölibat verstecken, ohne sich Fragen darüber aussetzen zu müssen.

Es kann auch sein, dass ein heterosexueller Mann das Priesterseminar betritt und sich in die homosexuelle Subkultur hineinziehen lässt. Allein in meinem persönlichen Bekanntenkreis kenne ich einige junge Männer, die glaubten, eine Priesterberufung zu haben, dann aber das Seminar wieder verließen, weil sie dazu nicht bereit waren.[28]

Das nationale irische Priesterseminar, St. Patrick's College in Maynooth, scheint seit Jahrzehnten in der Hand einer mächtigen homosexuellen Subkultur zu sein, wie Fr. David Marsden bezeugt.[29] Der ausgebildete Psychologe und Priester war dort Berater für Berufungsfragen, trat aber 2016 zurück, weil es in dem Seminar aufgrund der anti-katholischen Lehre und des homosexuellen Netzwerkes nicht mehr möglich war, Priester angemessen auszubilden. Alle Beschwerden beim Rektor und Bischof von ihm selbst und von Seminaristen wurden abgewiesen. Sexueller Missbrauch von Seminaristen durch einen Priester wurde vertuscht. Liest man das Zeugnis von Fr. Marsden, dann wundert es ei-

---

[28] Vgl. das persönliche Zeugnis von Dr. Markus Büning: https://katholisches.info/2018/10/19/warum-die-sexualmoral-der-kirche-in-ihren-grundfesten-nicht-zur-disposition-stehen-darf/

[29] https://www.lifesitenews.com/opinion/homosexual-cesspool-priest-blows-whistle-on-irelands-national-seminary

nen nicht mehr, dass die katholische Kirche in Irland (wie in anderen westlichen Ländern) keinerlei Aktivität entfaltete, um im Kampf um die Legalisierung der gleichgeschlechtlichen „Ehe" die Ehe zu verteidigen und die Gläubigen zu stärken.

Abgesehen von der Unterwanderung von Priesterseminaren durch homosexuelle Netzwerke, scheint es in der Priesterausbildung einen fundamentalen Mangel an offener Thematisierung von Fragen der Sexualität zu geben. Die *Theologie des Leibes* von Johannes Paul II. ist eine visionäre, inspirierende Lehre über den Plan Gottes, der den Menschen als Mann und Frau geschaffen und zur Ehe berufen hat. Um sie zu erfassen und glaubwürdig zu verkünden, bedarf es der Reinheit des Herzens und des Leibes. Dazu wird in der hypersexualisierten Gesellschaft nicht mehr erzogen. Angehende Priester, die eine echte Berufung haben, den Weg der Heiligkeit als Priester zu gehen, brauchen Zeit und Raum für die Integration der Sexualität in den Prozess der Persönlichkeitsreifung. Es muss über Masturbation, Pornografie, Homosexualität kompetent gelehrt und ein Weg aufgezeigt werden, wie das hohe Ideal der Jungfräulichkeit durch die Gnade Christi konkret gelebt werden kann. Der Priesterseminarist muss Gelegenheit haben, diese Fragen mit erfahrenen, glaubwürdigen Beratern, die der katholischen Lehre treu sind und das Licht der sexuellen Enthaltsamkeit „um des Himmelreiches willen" ausstrahlen, in der persönlichen Begleitung zu besprechen.

Das Priesterseminar sollte ein Ort sein, an dem der Seminarist durch geistliche Praxis in die Liebesbeziehung mit Jesus hineinwachsen kann, denn nur wenn die Beziehung zu Jesus als lebendig und erfüllend erfahren wird, kann der Zölibat gelebt werden. Priesterseminare, in denen rechtgläubige Theologie gelehrt und den angehenden Priestern das Schatzhaus der katholischen, geistlichen Praxis geöffnet wird, blühen auf; die vielen, die Kompromisse mit dem Zeitgeist machen, haben kaum mehr Berufungen und sterben aus. In der Mitte sollte die Anbetung des Herrn stehen, der in der heiligen Eucharistie gegenwärtig ist, und für Seminaristen jederzeit zugänglich sein. Traditionelle Frömmigkeitsformen wie das Rosenkranzgebet, die oft verspottet werden, müssen geachtet werden.

Darum ging es Papst Benedikt XVI., als er im Jahr 2010 das Priesterjahr ausrief und es dem Patronat des heiligen Pfarrers von Ars unterstellte. Es war das Jahr, in dem die erste Welle der Missbrauchskrise die Kirche in Deutschland erschütterte. Von den Medien wurde ein ununterbrochenes Trommelfeuer gegen die katholische Kirche und Papst Benedikt XVI. inszeniert, obwohl er, wie man acht Jahre später in *Der Spiegel* (Nr. 39/2018) lesen kann, „mehr als jeder seiner Vorgänger gegen Missbrauch unternahm und an die 800 Priester aus dem

Kirchendienst entfernte". Dennoch schlug ihm aus Deutschland nur „sprungbereite Feindseligkeit" entgegen, wie er in einem Brief an die katholischen Bischöfe selbst beklagte.[30] Unterstützung durch Bischöfe gab es nicht.

Bereits im ersten Jahr des Pontifikats von Benedikt XVI. erließ die Glaubenskongregation die *Instruktion über Kriterien zur Berufungsklärung von Personen mit homosexuellen Tendenzen in Hinblick auf ihre Zulassung zum Priesteramt und zu den heiligen Weihen*. Sie verbietet die Aufnahme von Kandidaten mit „tiefsitzenden homosexuellen Tendenzen" ins Priesterseminar und ihre Zulassung zu den heiligen Weihen, weil ein Priester „affektive Reife" braucht, welche ihn zu einer „korrekten Beziehung zu Männern und Frauen" befähigt, sodass er einen „wahren Sinn für die geistliche Vaterschaft gegenüber der kirchlichen Gemeinschaft" entwickeln kann.[31] Dieses Verbot wurde 2016 durch ein von Papst Franziskus approbiertes Schreiben der Kleruskongregation noch einmal bekräftigt. Aber vergeblich: Die homosexuellen Netzwerke und Seilschaften sind zu mächtig.

In der renommierten katholischen Zeitschrift *First Things* bekennt Daniel Mattson, dass er selbst

[30] http://w2.vatican.va/content/benedict-xvi/de/letters/2009/documents/hf_ben-xvi_let_20090310_remissione-scomunica.html

[31] http://www.vatican.va/roman_curia/congregations/ccatheduc/documents/rc_con_ccatheduc_doc_20051104_istruzione_ge.html

ein Mann mit „tiefsitzenden homosexuellen Tendenzen“ sei. Obwohl er sich bekehrt habe, sollte jemand wie er nicht zum Priester geweiht werden. „Die Kirche braucht reife Männer, die sich ihrer Identität gewiss sind, um geistliche Väter sein zu können.“ Diese Lehre sei nicht neu. „1961 erklärte der Vatikan, dass Männer mit homosexuellen Neigungen nicht geweiht werden könnten. Seminaristen, welche ‚mit einer Person des gleichen Geschlechts schwer gegen das 6. Gebot gesündigt hätten‘, müssten sofort aus dem Seminar entlassen werden.“[32] Mit dieser Lehre stimmt der Autor überein. Er ist überzeugt: Hätte sich die Kirche an ihre eigene Weisung gehalten, so hätten wir heute nicht die schockierenden Schlagzeilen über die Durchsetzung der Kirche mit Homosexualität auf allen Ebenen. Mattson erkennt durchaus an, dass es Priester mit homosexuellen Neigungen gibt, die den Zölibat leben und den Menschen vorbildlich dienen. Aber er hat dennoch zwei Gründe, warum er der Meinung ist, dass Männer wie er nicht Priester werden dürfen:

Er wisse aus eigener Erfahrung, dass die Beherrschung des Sexualtriebes für einen Homosexuellen sehr viel schwerer sei als für einen Heterosexuellen. Auch nach seiner Bekehrung sei er mit anonymem

[32] Daniel Mattson, *Why Men Like Me Should Not be Priests*, in: *First Things*, 17.08.2018. https://www.firstthings.com/web-exclusives/2018/08/why-men-like-me-should-not-be-priests

Sex rückfällig geworden (um dann im Beichtstuhl zu hören, dass er sich einen Freund suchen solle.) Dies werde durch klinische Psychologen bestätigt. Es sei klinisch evident, „dass für die Beherrschung des homosexuellen Triebes weitaus mehr psychische Energie nötig sei als zur Beherrschung des heterosexuellen Triebes", sagt Fr. James Lloyd C.S.P., promovierter klinischer Psychiater.

Eine Fülle von Studien belegt, dass praktizierte Homosexualität hohe psychische und physische Risiken mit sich bringt, welche sich in einer um 10–20 Jahre verkürzten Lebenserwartung niederschlagen. Wissenschaftliche Studien belegen außerdem, dass das homosexuelle Leben in der Regel promiskuitiv ist.[33] Bereits nach zwei Jahren sind homosexuelle Beziehungen überwiegend „offene Beziehungen", wobei diese Tendenz kontinuierlich mit der Beziehungsdauer zunimmt.[34] Dies erklärt die geringe Inanspruchnahme der gleichgeschlechtlichen „Ehe", wo diese legalisiert wurde. Weit unter zehn Prozent der Lesben und Schwulen machen von dem neuen Rechtsinstitut Gebrauch, für das sie mit so großer Leidenschaft kämpfen.

---

33 Eine Übersicht findet sich hier: Deutsches Institut für Jugend und Gesellschaft (DIJG), *Homosexualität und wissenschaftliche Studien.* www.dijg.de/homosexualitaet; vgl. Peter Sprigg, *Homosexuality is Not a Civil Right*, Family Research Council, Washington DC.

34 https://www.rki.de/DE/Content/Infekt/EpidBull/Archiv/2007/Ausgabenlinks/23_07.pdf?__blob=publicationFile

Daniel Mattson sieht ein weiteres Problem: Ein Priester, der selbst nicht in der Lage sei, enthaltsam zu leben, kann sich nicht mit der kirchlichen Lehre über Sexualmoral identifizieren und seine Gemeindemitglieder folglich auch nicht darin unterweisen, vielmehr würde er die kirchliche Lehre offen oder verdeckt am Ambo oder im Beichtstuhl unterminieren.

Einer der dies in der Gegenwart virtuos tut, ist Fr. James Martin, Societas Jesu, der von Papst Franziskus im April 2017 zum Berater für das Dikasterium für Kommunikation ernannt wurde. Er ist der Autor des Buches *Building a Bridge: How the Catholic Church and the LGBT Community Can Enter into a Relationship of Respect, Compassion, and Sensitivity* (Harper One, 2017). Auf dem World Meeting of Families 2018 in Dublin durfte er dafür werben, „LGBT-Personen und ihre Familien im Gemeindeleben willkommen zu heißen" und „homophobe Pastoren, die nur die Lehre der Kirche über Homosexualität wiederholten", zu desavouieren. Fr. James Martin, greift die katholische Lehre über Sexualität nicht direkt an, er stellt sie ebenso korrekt wie leidenschaftslos dar. Gleichzeitig fordert er von Christen die Anerkennung der „gay and lesbian identity", verlangt von der Kirche, dass sie ihre „antiquierte" Sprechweise von „homosexuellen Personen" ändere und sich der Sprache der LGBT+ community befleißige, nämlich „gay and lesbian identity“ und „sexual orientation“, um so der Würde von LGBT+ Personen gerecht zu werden. Er unterstützt „Pride“-events wie den Christopher Street Day und LGBTIQ-Organisationen, welche die kirchliche Lehre bekämpfen. Fr. Martin macht Lippenbekenntnisse zur katholischen Lehre, um auf diese Weise sein Wirkungsfeld in der Kirche zu behalten, kämpft dann aber innerhalb der Kirche für die Agenda der LGBTIQ-Bewegung. Er dürfte darauf hoffen, dass die homosexuellen Netzwerke innerhalb der Kirche und der zunehmend totalitäre Druck der säkularen Gesellschaft auf die Kirche sie in die Knie zwingen werden.

Warum gab es keinen entschlossenen Widerstand der katholischen Kirche? Es sind die Strukturen der Sünde, welche die Kirche lähmen und ihr die Anziehungskraft nehmen. Seit den Siebzigerjahren setzte ein Prozess der Entsakralisierung und Verweltlichung der Kirche ein. Papst Benedikt hat diese Entwicklung in seiner Freiburger Konzerthausrede 2011 ins Licht gestellt und „Entweltlichung“ gefordert, aber der Samen fiel auf steinigen Boden. Die Begriffe „Sünde“ und „Schuld“ verschwanden weitgehend aus den Messtexten und Predigten, das Schuldbekenntnis fiel zunehmend unter den Tisch, von den Letzten Dingen wird nicht mehr gesprochen. Über die Lehre der Kirche zur Sexualität zu predigen, ist ein Tabu. Eingetreten ist, was der heilige Paulus bereits vor zweitausend Jahren voraussah:

> „Denn es wird eine Zeit kommen, in der man die gesunde Lehre nicht erträgt, sondern sich nach eigenen Wünschen immer neue Lehrer sucht, die den Ohren schmeicheln; und man wird der Wahrheit nicht mehr Gehör schenken, sondern sich Fabeleien zuwenden“ (2 Tim 4,3–4).

Betritt ein Priester die No-go-Bereiche der ganzen katholischen Wahrheit, riskiert er, von Gemeindemitgliedern beim Ordinariat angeschwärzt und von seinem Bischof fallen gelassen zu werden. Ich kenne Priester, die daran zerbrochen sind. Nicht ein einziges Mal habe ich seit meiner Konversion 1997 im normalen Gemeindegottesdienst eine Predigt über die genannten Themen gehört. (Auf die vollständige Abwendung von der christlichen Sexualmoral in der evangelischen Kirche, welche per Pfarrdienstgesetz von 2010 verordnete, dass zwei „verheiratete“ homosexuelle Männer oder Frauen der Gemeinde vorstehen dürfen, wollen wir hier nicht näher eingehen.)

Auf den katholischen Kirchentagen bekommen die LGBT-Gruppen breiten Raum an den prominentesten Plätzen und können für ihren Lebensstil und die theologische Umdeutung der biblischen Lehre werben – „Coming out“-Workshops für Jugendliche inklusive. Lebensrechtgruppen müssen hingegen mit hintersten Winkeln vorliebnehmen und bekommen Hausverbot, wenn sie das Grauen der Abtreibung zu deutlich thematisierten. LGBT-Gruppen innerhalb der Kirche fordern gemäß der bewährten Salamitaktik als ersten Schritt die Segnung von gleichgeschlechtlichen Paaren, eine Forderung der vielerorts stattgegeben wird. „Der Segen Gottes ist für alle da", gab mir ein Priester zu Antwort, als ich Einwände erhob. Ja, der Segen ist für alle da, aber der Herr segnet nicht die Sünde, sondern ruft zur Umkehr. „Geh hin und sündige von jetzt an nicht mehr" (Joh 8,11), sagt er bekanntlich zur Ehebrecherin. Der Hirte, dem es um das ewige Heil zu tun sein sollte, muss die Schafe darüber aufklären, durch welche Handlungen sie den Stand der Gnade verlieren und das „Reich Gottes nicht erben werden" (1 Kor 6,9).

Widerstand gegen die Genderideologie? Fehlanzeige!

Widerstand gegen die „Ehe für alle"? Fehlanzeige! Laue, halbherzige Erklärungen der Bischöfe, die bei Gläubigen und Ungläubigen kaum bemerkt werden.

Entschlossener Einsatz für den Schutz des ungeborenen Lebens? Fehlanzeige!

Dabei geht es um viel, ja um alles: das christliche Menschen- und Gottesbild und die sozialen Strukturen von Ehe und Familie und Weitergabe des Lebens, die darauf fußen. Es sei wiederholt: Wir glauben an den dreieinigen Gott der Liebe und des Lebens, der den Menschen als Mann und Frau geschaffen und zur Liebe und Weitergabe des Lebens berufen hat. Er hat den Menschen mit einem Leib geschaffen, an dem der Plan Gottes ablesbar ist, und er hat ihn mit einer Seele ausgestattet, die dem ewigen Leben entgegengeht – sei es im Himmel oder in der Hölle. Mit äußerstem Ernst weist Jesus immer wieder darauf hin. Das muss uns gesagt werden in der Kirche, auf dass wir einst zu den Hochzeitsgästen im Himmel gehören mögen.

Die Dynamik des Doppellebens

Die Bibel beschreibt in ihren ersten drei Kapiteln die göttliche Berufung des Menschen und seinen „Fall“: Adam und Eva erliegen der Versuchung der Schlange, Gottes Verbot zu übertreten und sein zu wollen wie Gott. Damit wird die Grundversuchung des gefallenen Menschen beschrieben. Die Heilsgeschichte, die in der Menschwerdung und Erlösungstat des Sohnes Gottes gipfelt, vollzieht sich in jedem Einzelleben als Drama, das ewige Heil mit

Gottes Gnade durch die Vermittlung der Kirche zu erlangen.

Der Mensch hat zwei Möglichkeiten, mit der Sünde umzugehen:

Die Wahrnehmung der eigenen Sünde durch Selbsterkenntnis, Reue und Umkehr. „Kehrt um und glaubt an das Evangelium“, ist die erste Predigt Jesu. Wenn die Kirche aufhört, dem Menschen den Weg des Lebens zu zeigen und ihn vor den Wegen zu warnen, die von Gott wegführen, wenn sie aufhört, ihn zur Umkehr zu rufen und ihm die Sünden im Namen Jesu zu vergeben, dann verfehlt sie den Auftrag Jesu.

Die zweite Möglichkeit besteht darin, die Sünde zu rechtfertigen, sie aus dem Bewusstsein auszublenden und sich immer tiefer in ihr zu verstricken. Bekanntlich zieht ein Laster das andere nach sich. Das Gewissen wird nach und nach zum Schweigen gebracht mit dem Risiko, dass es sich dann in psychosomatischen Symptomen Gehör verschafft. Wer auf diesem Weg ist, kann nicht ertragen, wenn es eine Instanz in der Gesellschaft gibt, welche die Stimme des Gewissens verkörpert. Der über die Erde schallende Lautsprecher des Gewissens ist die katholische Kirche, deren moralische Autorität – das ist die schreckliche Konsequenz des Missbrauchsskandals – nun schwer beschädigt ist.

Die sexuelle Sünde hat einen besonderen Stellenwert, denn sie betrifft die Menschwerdung und damit die christliche Anthropologie. Paulus sagt:

> „Meidet die Unzucht! Jede Sünde, die der Mensch tut, bleibt außerhalb des Leibes. Wer aber Unzucht treibt, versündigt sich gegen den eigenen Leib. Oder wisst ihr nicht, dass euer Leib ein Tempel des Heiligen Geistes ist, der in euch wohnt und den ihr von Gott habt" (1 Kor 6,18–19)?

Der biblische Begriff „Unzucht" bezeichnet jede sexuelle Handlung außerhalb der Ehe von Mann und Frau. Heterosexuelle Handlungen sind Unzucht, wenn sie außerhalb der Ehe vollzogen werden. Homosexuelle Handlungen sind nach biblischem Verständnis immer Unzucht. Im ersten Fall wird die natürliche Schöpfungsordnung nicht beschädigt, im zweiten Fall wird sie es, denn Gott hat den Menschen als Mann und Frau geschaffen und dazu berufen, „ein Fleisch" zu werden und fruchtbar zu sein. Durch die primären familiären Bindungen zwischen Mann und Frau und zwischen Eltern und Kindern entsteht in der menschlichen Gesellschaft existenzieller Zusammenhalt. Darum ist die Familie gemäß der *Allgemeinen Erklärung der Menschenrechte* von 1948 „die natürliche Grundeinheit der Gesellschaft und hat Anspruch auf Schutz durch Gesellschaft und Staat".

Homosexualität hingegen spaltet die Geschlechter und die Generationen.

Beide Formen von Unzucht werden von Priestern verübt. Viele brechen den Zölibat und leben in einem Konkubinatsverhältnis mit einer Frau. Darüber wird in der Gemeinde getuschelt. Oft ist ein solches Verhältnis allgemein bekannt, ohne dass die Gemeinde oder das Ordinariat daran Anstoß nähmen. In der hypersexualisierten Gesellschaft verstehen die meisten den Sinn des Zölibats nicht mehr und halten dessen Abschaffung für überfällig. Es wird die Meinung kolportiert, das Ordinariat zahle die Alimente für drei Kinder. Damit lässt sich leben, die Kirche bleibt im Dorf und der Pfarrer auch.

Priester, die eine sexuelle Beziehung zu einer Frau haben, müssen zwar ein Doppelleben führen, neigen aber nicht dazu, klerikale Netzwerke und Seilschaften zu bilden. Erzbischof Carlo Maria Viganò schreibt in seinem dritten „Zeugnis" vom 19. Oktober 2018:

> „Ohne Zweifel gibt es Kleriker, die sich mit Frauen einlassen, und ohne Zweifel fügen sie ihrer eigenen Seele, der Seele jener, die sie korrumpieren, und der Kirche insgesamt Schaden zu. Aber diese Verletzungen des priesterlichen Zölibats bleiben in der Regel auf jene Individuen beschränkt, die unmittelbar betroffen sind. Solche Priester rekrutieren üblicherweise nicht andere, um Verhält-

nisse mit Frauen einzugehen, sie arbeiten nicht daran, Priester, die dies tun, zu fördern oder ihre Untaten zu verschleiern – während die Belege für homosexuelle Geheimabsprachen, welche so tiefe Wurzeln haben und so schwer auszumerzen sind, überwältigend sind[35] (Übersetzung von der Autorin).

Überdurchschnittlich viele Männer mit „tiefsitzenden homosexuellen Tendenzen" sind durch Täuschung, Duldung oder Förderung dennoch Priester geworden. Manche von ihnen leben zölibatär. Die meisten haben sich jedoch auf den tragischen Weg des Doppellebens als homosexueller Priester begeben. Dies kann praktisch bedeuten:

- Er übt seine homosexuelle Neigung mit Mitbrüdern und/oder anderen erwachsenen Männern aus.
- Er wird zum Sklaven seines Sexualtriebs und verführt und/oder missbraucht ihm anvertraute Kinder und Jugendliche.

Die Dynamik aktiver Homosexualität bei Priestern beschreibt Dr. Dariusz Oko so:

[35] Drittes Zeugnis von Erzbischof Viganò vom 19. Oktober 2018.

„Auf der einen Seite spenden sie jeden Tag Sakramente, halten Messe, halten das größte Heiligtum in ihren Händen, auf der anderen Seite tun sie ständig etwas, was dazu im Widerspruch steht, etwas besonders Verwerfliches. Auf diese Weise werden sie ‚immun' gegen höhere Werte, gegen das, was heilig ist. Ihr moralisches Leben erliegt einer Atrophie, sie geraten auf die schiefe Ebene des Verfalls. Wenn die höheren Werte in ihnen aussterben, dann gibt es immer mehr Platz für Niedriges, für Begierde nach Materiellem und Sinnlichem – nach Geld, Macht, Karriere, Luxus, Sex ... Was kann sie noch retten, wenn die besten Methoden und alle Bemühungen, ihr Gewissen zu formen, Glauben und Gnade versagt haben?"[36]

Doppelleben bedeutet, dass ein Mensch die Lüge zu seiner Behausung gemacht hat. Lüge ist dann keine Sünde mehr, derer man sich bewusst wird, die man bereuen und beichten kann mit dem festen Vorsatz, sie in Zukunft zu unterlassen. Der Bruch des Gelöbnisses des Zölibats, das der Priester bei seiner Weihe freiwillig abgelegt hat, ist nun das Fundament auf dem das Leben eines solchen Priesters steht. Jesus kann nicht mehr der Fels sein, auf den er sein Haus

[36] Dariusz Oko, *Homohäresie.*

baut, damit es nicht weggerissen wird im Sturm. Die priesterliche Integrität ist zerrissen.

Wird ein Priester, der ein Doppelleben führt, mit Überzeugung über Sünde und Schuld predigen? Wird er die Sexualmoral der Kirche so darstellen können, dass sie als Höhenweg der Liebe verstanden wird und die Menschen inspiriert? Wird er selbst noch beichten und geistliche Begleitung in Anspruch nehmen? Wird ein solcher Priester im Gebet das Angesicht Jesu suchen, sich seinem Licht aussetzen und sich von ihm wandeln lassen? Wird er im Beichtstuhl als Stellvertreter Christi vollmächtig den Sünder auf den Weg der Heiligkeit zurückführen? Werden seine liturgischen Gesten der Heiligkeit dessen gerecht, was sie ausdrücken? Wird er die Muttergottes lieben und ihr unbeflecktes Herz verehren? Wird er die Seelen, für die er verantwortlich ist vor Gott, zum ewigen Heil führen können? Wird er ein Interesse daran haben und in der Lage sein, eine klare katholische Position im gegenwärtigen Kampf um Ehe und Familie einzunehmen und so seine Gemeinde vor bewusstlosem Mitläufertum zu bewahren?

Es ist sehr wahrscheinlich, dass die Antwort auf all diese Fragen nein ist.

Wer die Lehre der Kirche lebt, wird sie auch verteidigen, denn die Seele jubelt, wenn sie schweren Sünden entronnen ist und aus Liebe zu Jesus die Gebote hält (Joh 14,15). Wer die Lehre der Kirche nicht lebt, wird sie nicht verteidigen, vielmehr an ihrer Verwässerung mitwirken.

Wie kann er den Riss in seinem Leben aushalten? Ein Mensch kann nicht dauerhaft in Widerspruch zu seinem Gewissen leben. Er wird deswegen nur zu gern nach theologischen Begründungen greifen, welche den Bruch des Zölibats rechtfertigen. Er wird sozialen Umgang mit Menschen suchen, die ihn darin bestärken. Er wird die Sünde, in der er selbst lebt, bei anderen vertuschen, so wie er das auch von ihnen erwarten kann. Er wird nicht mehr verstehen, dass der Zölibat, ebenso wie die monogame Ehe, Ganzhingabe aus Liebe bedeutet, nicht an einen Menschen, sondern an Jesus Christus. Der zölibatäre Priester wirft alle Sehnsucht nach Liebe auf den lebendigen Herrn im Glauben, dass sie sich tatsächlich erfüllen kann. Zeugnisse über Zeugnisse bürgen dafür, dass dies möglich ist. (Der Priester ist im Übrigen nicht der Einzige, der die *geistliche* Erfüllung der Sehnsucht nach Liebe anstrebt. Dies tut jeder, der nicht in der Ehe lebt und Christus treu ist.)

Ein Wort Romano Guardinis verdeutlicht die Gefährdung des Menschen durch die Sünde: „Nach der Logik des Bösen erzeugt die Sünde Verblendung, die Verblendung noch mehr Sünde und die Sünde noch mehr Verblendung.“ Was für eine Vorstellung soll man sich vom Innenbewusstsein eines Klerikers machen, der die dreistufigen Weihen als Diakon, Priester und Bischof empfangen hat und ein homosexuelles Doppelleben führt? Kann er noch glauben, dass er einst vor Gott stehen und Rechenschaft wird geben müssen? Dass es die Ewigkeit bei Gott oder in der „äußersten Finsternis" (Mt 25,30) tatsächlich gibt? Dass Jesus Christus in der Eucharistie durch den heiligen Akt der Wandlung, den der Priester selbst vollzieht, gegenwärtig wird? Jede sakrale Handlung, jedes verkündete Wort Gottes ist dann Heuchelei. Wie es möglich ist, dass Priester sexuelle Gewalt an Minderjährigen und Abhängigen ausüben und dennoch an den Altar treten, ist ein Geheimnis des Bösen.

Wie jeder, der sich in der Sünde eingerichtet hat, kann er das Licht und den Trost und die Gnade Gottes nicht mehr empfangen. Aber wenn die Gnade, der Trost und die Hilfe Gottes ihn nicht mehr erreichen können, dann ist es wahrscheinlich, dass das Streben nach klerikaler Macht zum wesentlichen Antrieb wird. Im „Klerikalismus", also ungebührlicher kirchlicher Machtausübung, die Ursache des sexuellen Missbrauchs von Priestern zu sehen, verschleiert die tieferliegenden Wurzeln.

Dariusz Oko schreibt weiter:

> „Ihnen ist bewusst, dass sie Gefahr laufen, demaskiert und bloßgestellt zu werden, deswegen wollen sie sich absichern, indem sie sich gegenseitig unterstützen. Sie bilden also informelle Bünde mit den Zügen einer Clique oder Mafia

und streben danach, Schlüsselpositionen zu erobern, die über Macht und Geld verfügen. Wenn sie einen Posten einnehmen, dann sorgen sie dafür, jemanden aus den eigenen Reihen zu befördern oder wenigstens jemanden, der zu schwach ist, um sich ihnen zu widersetzen. Auf diese Art und Weise können tief verwundete Menschen zu Oberhäuptern der Kirche werden ... Sie leben in Verlogenheit und lassen sich besonders leicht von den Feinden des Christentums beeinflussen. Das sind Menschen, die nicht ‚von Herzen' sprechen, sie können ihr Herz nicht öffnen, weil sie wissen, wie sehr sie sich schämen müssten ... Manchmal umgibt sie eine spürbare Atmosphäre von Verlogenheit und Trägheit – Pharisäismus in reiner Form ... Auf diese Art und Weise können sie in vielen Stellen der kirchlichen Hierarchie dominieren und die Zügel in der Hand halten, somit in der Tat großen Einfluss auf wichtige Ernennungen und insgesamt auf das Leben der Kirche ausüben. Aufrichtige, engagierte Bischöfe kommen gegen sie oft nicht an."[37]

Wundert es noch irgendjemanden, dass Katholiken, welche das *depositum fidei* bewahren möchten und Missbräuche aller Art beim Bischof anzeigen, meist

[37] Dariusz Oko, *Homohäresie*

nicht einmal eine Eingangsbestätigung bekommen, geschweige denn Unterstützung?[38]

Wundert es jemanden, dass die Bischöfe ihre in jedes Dorf hineinreichenden Strukturen nicht nutzen, um die Gläubigen zum Widerstand gegen die hedonistische Zwangssexualisierung der Kinder in den Schulen, die seit den Siebzigerjahren ungehindert fortschreitet, zu mobilisieren? Stattdessen erhalten Eltern, die Unterstützung von ihrem Bischof erwarten, kalte Abfuhren.

Wundert es jemanden, dass die gesamten kirchensteuerfinanzierten Medien auf liberalem Kurs sind und Laien, die sich mit voller Kraft für den überlieferten, unveränderbaren Glauben einsetzen, niemals auch nur eine Anerkennung von einem Bischof bekommen, geschweige denn Unterstützung?

Wundert es jemanden, dass Erneuerungsbewegungen in den Diözesen geduldet, aber kaum eingesetzt werden, um missionarisch in den Gemeinden tätig zu sein?

Wundert es jemanden, dass es keinen Widerstand gegen die „Ehe für alle" gab? Zugegeben, sie ist in Deutschland mit einem Merkelschen Coup innerhalb von einer Woche legalisiert worden. Hätte die Kirche aber in den Jahrzehnten davor die Schönheit der Lehre von Ehe, Familie und Sexualität ver-

[38] Markus Büning, *Dreimal ausgeliefert, Plädoyer eines Missbrauchsopfers für die Erneuerung der Kirche*, fe-medienverlag, Kisslegg 2018.

kündet, wäre das nicht möglich gewesen, ohne massiven Wählerverlust zu riskieren.

Es ist gewiss eine Minderheit der Priester und Bischöfe, die aktiv im LGBT-Netzwerk verstrickt ist, aber es scheint die Mehrheit zu sein, die wegschaut, vertuscht oder sympathisiert. Was denken, fühlen, glauben sie, wenn sie die Mahnungen des Propheten Jeremia hören?

> „Weh den Hirten, die die Schafe meiner Weide zugrunde richten und zerstreuen – Spruch des HERRN. Darum – so spricht der HERR, der Gott Israels, über die Hirten, die mein Volk weiden: Ihr habt meine Schafe zerstreut und sie versprengt und habt euch nicht um sie gekümmert. Jetzt kümmere ich mich bei euch um die Bosheit eurer Taten – Spruch des HERRN“ (Jer 23,1–2).

Es folgt die Zusage Gottes, dass er seine Schafe nicht alleinlassen wird:

> „Ich selbst aber sammle den Rest meiner Schafe aus allen Ländern, wohin ich sie versprengt habe. Ich bringe sie zurück auf ihre Weide und sie werden fruchtbar sein und sich vermehren. Ich werde für sie Hirten erwecken, die sie weiden, und sie werden sich nicht mehr fürchten und ängstigen und nicht mehr verloren gehen“ (Jer 23,3–4).

Die Dynamik der Sünde hat zur Folge, dass der Verlust der Glaubwürdigkeit die gesamte Kirche trifft und das Gift des Misstrauens sich nun überall ausbreitet. Priester können nicht mehr allein mit einem Jungen im Zimmer sein, können ihm nicht mehr unbefangen den Arm um die Schulter legen, was ein Junge in Zeiten der vaterlosen Gesellschaft so nötig bräuchte. Man beginnt mit geschärftem Blick und Ohr auf den Priester zu schauen und zu hören: Glaubst du, was du sagst? Folgst du dem Herrn? Tust du, was das Evangelium von dir und mir verlangt? – Welch ein Jammer! Der Glanz der Wahrheit, *splendor veritatis*, ist abhandengekommen. Die Folge: Hundertausende kehren der Kirche Jahr für Jahr den Rücken.

Jeder kann mit bloßem Auge sehen: Dort, wo die ganze Lehre verkündet und gelebt wird, dort blühen Gemeinden, Gemeinschaften und Orden. Tun sie es nicht, gehen sie ein, wie eine Pflanze ohne Wasser. Wann führt das endlich zu Konsequenzen in der Theologie, den Priesterseminaren, der Ausbildung von pastoralen Mitarbeitern und im Religionsunterricht?

Die Folgen für die treuen Priester

Mit den Worten der Instruktion der Glaubenskongregation von 2007 sei an die hohe Berufung des Priesters erinnert:

> „Gemäß der beständigen Überlieferung der Kirche empfängt die heilige Weihe gültig nur ein getaufter Mann. Im Sakrament der Weihe wird der Kandidat durch den Heiligen Geist in neuer und spezifischer Weise Jesus Christus gleichgestaltet: In der Tat verkörpert der Priester sakramental Christus, das Haupt, den Hirten und den Bräutigam der Kirche. Aufgrund dieser Gleichgestaltung mit Christus muss das ganze Leben des geweihten Dieners von der Hingabe seiner ganzen Person an die Kirche und von einer authentischen Hirtenliebe durchdrungen sein."

Es gibt sie noch, die rechtgläubigen Bischöfe und Priester, alte und immer mehr junge, die es geschafft haben, ihren Glauben durch die Ausbildung zu retten. Sie verdienen unsere Hochachtung! Sie leiden mit Christus an der fürchterlichen Verunstaltung seines Leibes, der Kirche.

Ein ewiges Vergelt's Gott gebührt all jenen, die es wagen, sich dem mächtigen Druck des Zeitgeistes in den Weg zu stellen und zu riskieren, dass sie ausgegrenzt, diffamiert und um Ehre und Existenz gebracht werden. Sie sind wie Brunnen mit klarem Wasser, aus denen die Menschen ihren Durst nach Wahrheit stillen können. Gott wird ihnen in der Ewigkeit vergelten: „Jeder Mensch, der sich vor den Menschen zu mir bekennt, zu dem werde auch ich mich vor meinem Vater im Himmel bekennen“ (Mt 10,32).

Jesus hat seine Jünger keinen Augenblick im Unklaren darüber gelassen, was Nachfolge bedeutet:

> „Denkt an das Wort, das ich euch gesagt habe: Der Sklave ist nicht größer als sein Herr. Wenn sie mich verfolgt haben, werden sie auch euch verfolgen; wenn sie an meinem Wort festgehalten haben, werden sie auch an eurem Wort festhalten“ (Joh 15,20).

Weiter so oder Umkehr?

Die Glaubwürdigkeit der katholischen Kirche und das Ansehen des Petrusamtes sind nachhaltig beschädigt. Eine Kirche, die sich in den entscheidenden Fragen der christlichen Anthropologie dem Zeitgeist anpasst und den Menschen nicht anleitet, den Weg zum ewigen Heil zu suchen und zu finden, braucht niemand mehr.

Man stelle sich vor, die in den Missbrauchsskandal verwickelten Bischöfe und Kardinäle würden umkehren, eine Bußbewegung anführen und dem gläubigen Volk mit Beten und Fasten vorausgehen. Man stelle sich vor, Bischöfe würden ihre Macht benutzen, um die Kirche zu reinigen, wohlwissend, dass sie sich damit auf einen Kreuzweg begeben. In

Ninive wurde vom König bis zum Vieh Buße getan und Gott verschonte die Stadt. Welch ein Zeugnis wäre das für die Welt! Nur so könnte die Kirche wieder moralische Autorität gewinnen. *Mea culpa, mea culpa, mea culpa!*

Wahrscheinlicher ist, dass der Machtkampf, über den wir täglich in den Medien lesen, gnadenlos weitergeführt wird. Wahrscheinlicher ist, dass die Relativierung des unveränderlichen Glaubensgutes fortschreitet. Das Wort von Papst Franziskus, „Wer bin ich, um ihn zu verurteilen!“[39], könnte sich in der Kirchengeschichte als Fanfarenstoß zur Relativierung der christlichen Sexualmoral erweisen.

Wahrscheinlicher als Umkehr und Buße ist, dass die Reinigung der Kirche durch Verfolgung stattfinden wird. Niemand, der nicht von der lebendigen Liebe des dreifaltigen Gottes ergriffen ist und Maria als Vorbild für ein reines Leben im Gehorsam gegenüber dem Willen Gottes annimmt, wird bereit sein, für seinen Glauben Opfer zu bringen.

Joseph Ratzinger hat bereits 1970 in einer prophetischen Rede vorausgesagt, dass die Kirche klein werden wird und „weithin ganz von vorne wird an-

---

39 „Wenn einer gay ist und den Herrn sucht und guten Willen hat – wer bin dann ich, ihn zu verurteilen.“ Dies war die Antwort von Papst Franziskus auf dem Rückflug von Brasilien am 28. Juli 2013 auf die Frage eines Journalisten nach dem „Umgang“ von Msgr. Battista Ricca (er bekleidet jetzt hohe Ämter im Vatikan) und wie der Papst „die ganze Frage der *Gay-Lobby* angehen“ wolle. https://w2.vatican.va/content/francesco/de/speeches/2013/july/documents/papa-francesco_20130728_gmg-conferenza-stampa.html

fangen müssen", sie wird zu einer armen, „zu einer Kirche der Kleinen" werden.

> „Aber nach der Prüfung dieser Trennungen wird aus einer verinnerlichten und vereinfachten Kirche eine große Kraft strömen. Denn die Menschen einer ganz und gar geplanten Welt werden unsagbar einsam sein. Sie werden, wenn ihnen Gott ganz entschwunden ist, ihre volle, schreckliche Armut erfahren. Und sie werden dann die kleine Gemeinschaft der Glaubenden als etwas ganz Neues entdecken. Als eine Hoffnung, die sie angeht, als eine Antwort, nach der sie im Verborgenen immer gefragt haben."[40]

Wer Jesus Christus als lebendigen Gott entdeckt hat, mit dem er in einer immer tieferen persönlichen Beziehung lebt, der wird an der gegenwärtigen Krise nicht irre. Die Kirche bleibt die Mutter, die uns mit allem ernährt, was wir brauchen, „um unsere Lampe mit Öl zu füllen". Die Ankündigung des Propheten Ezechiel, dass der Herr seine Schafe selber suchen und sich um sie kümmern will (Ez 34,11–16), wird vor unseren Augen wahr. In allen christlichen Denominationen gibt es Aufbruchsbewegungen und eine neue Qualität von Jüngerschaft,

[40] http://kath.net/news/44468

Menschen, die von der Wahrheit des Wortes Gottes ergriffen sind und ihr Leben dafür einsetzen.

Vielleicht werden sie eines nicht zu fernen Tages in Gemeinschaften zusammenfinden, wie sie Rod Dreher in seinem Buch *Die Benedikt-Option*[41] als Antwort auf die Krise unserer Zeit vor Augen stellt. Bequemer wird das Christsein ganz gewiss für niemanden werden. Jeder Christ wird früher oder später in Entscheidungssituationen kommen, in denen er sich entweder zu Jesus Christus bekennt und dafür Opfer bringt, oder ihn verrät. Viele durchleiden solche Situationen schon heute. Wohl dem, der sich darin übt, den Heiligen Geist anzurufen, denn wir müssen klug sein wie die Schlangen und arglos wie die Tauben.

Katholiken haben eine große, herrliche Familie im Himmel. Sie haben einen Vater und eine Mutter. Jeder zölibatär lebende Priester, der Maria verehrt und in seinem Leben wirken lässt, ist dem Weiblichen und dem Mütterlichen, dem Reinen und Schönen zugewandt und kann aus dieser Quelle trinken. Aus ihr wird er die Kraft gewinnen, die Jungfäulichkeit zu leben. Bei jeder ihrer Erscheinungen fordert uns die Muttergottes auf, den Rosenkranz zu beten. Es ist eine Rettungskette, an der wir uns festhalten können. „Mein unbeflecktes Herz wird triumphieren", sagte die Mutter Gottes am 13. Juli 1917

41 Rod Dreher, *Die Benedikt-Option*, fe-medienverlag, Kisslegg 2018.